赢在连锁经济

从供销社学徒到连锁专家的探索

叶耀庭　孙兴／著

中国计划出版社　中国市场出版社
China Market Press
· 北京 ·

图书在版编目（CIP）数据

赢在连锁经济：从供销社学徒到连锁专家的探索 / 叶耀庭，孙兴著. -- 北京：中国计划出版社：中国市场出版社有限公司，2024.7

ISBN 978-7-5182-1623-9

Ⅰ. ①赢… Ⅱ. ①叶… ②孙… Ⅲ. ①叶耀庭 - 访问记 Ⅳ. ①K825.38

中国国家版本馆CIP数据核字(2024)第030904号

赢在连锁经济：从供销社学徒到连锁专家的探索
YING ZAI LIANSUO JINGJI：CONG GONGXIAOSHE XUETU DAO LIANSUO ZHUANJIA DE TANSUO

著　　者：叶耀庭 孙兴
责任编辑：张再青（632096378@qq.com）
出版发行：中国计划出版社 中国市场出版社
社　　址：北京市西城区月坛北小街 2 号院 3 号楼（100837）
电　　话：（010）68024335
经　　销：新华书店
印　　刷：绍兴市越生彩印有限公司
规　　格：155mm × 230mm　　16 开本
印　　张：13.75　　字　　数：135 千字
版　　次：2024 年 7 月第 1 版　　印　　次：2024 年 7 月第 1 次印刷
书　　号：ISBN 978-7-5182-1623-9
定　　价：78.00 元

叶老话连锁

叶耀庭连锁经济
实 践 与 成 长

1978—1998年
供销社成长时期

1978年
供销社成长时期

1980年
担任农产品收购柜组长，负责农产品收购工作

1984年
成为采购商店副经理，负责收购蚕茧、黄红麻等农产品

1993年
担任华清公司总经理助理，管理公司日常行政工作

1998年
担任漓渚供销社主任，令单位成功扭亏为盈

1999年
担任供销超市总经理，改变公司亏损局面，推动企业高速发展

1999—2013年
领队连锁超市时期

2002年
成功收购华
超市，成为
地最大超市

2014年至今

供销社成长时期

2004年

牵头成立浙江连锁超市采购联盟

2008年

与物美集团合作，企业进入快速发展阶段

2013年

辞去连锁超市董事长职务

2014年

开始从事连锁经济咨询服务，以自身的经验和理念帮助企业成长

2017年

整理全套“连锁宝典”工具，分享连锁经营经验

2018年

建立“叶老话连锁”自媒体平台，分享连锁经营实战内容

2020年

受新冠疫情影响，转为线上服务，持续助力连锁企业成长

胡祖光教授

浙江省浙商研究会原会长
浙江工商大学原校长
浙江省社会科学界联合会原主席

序一

韩非子说：宰相必起于州部，猛将必发于卒伍。（《韩非子·显学》）意思是说，一国宰相必然是从地方官中选拔；而猛将则一定是从小卒子的队伍中成长起来。叶耀庭同志，就是连锁战线从基层干起涌现出来的文武兼备的一员猛将兼儒将。

自从中国决定采用市场经济体制后，商业战线的计划经济体制“礼崩乐坏”；商业战线出现了如诸葛亮在《隆中对》中所说的“豪杰并起，跨州连郡者不可胜数”的局面。当年诸葛亮辅佐刘备，使其从只有一县之地发展为三分天下有其一，建立了丰功伟业。类似的，叶耀庭辅佐绍兴供销社这个“刘备”，从1997年涉足超市行业，

1999年担任绍兴供销超市总经理，把一个原本亏损150万元的小超市，半年就一举变成盈利200万元。随后，叶耀庭带着员工四处征战，首先统一绍兴本土；然后以绍兴为据点，向浙江各县渗透，曾发展成为拥有职工3500人，年实现商品销售超28.8亿元，年创税后留利1.5亿元，无一分银行贷款，手头却握有3亿元现金的中国连锁经营百强、中国零售业十大优秀特许加盟品牌，居功至伟。

古人所谓“长袖善舞多钱善贾”是也。我与叶耀庭相识相知十几年，深知叶耀庭的才干绝不在大超市才俊之下。但是，他却因为多种原因而离开一线。叶耀庭转战二线后，2015年起曾受山东贵诚集团超市公司、台州市三和连锁超市、浙江海港超市、浙江万客隆商贸、浙江雄风超市、内蒙古都乐玛超市等三十余家连锁企业邀请担任经营顾问，这充分说明他丰富的连锁企业管理经验和管理才能已经得到业界的认可。

可喜的是，在担任连锁企业经营顾问的同时，叶耀庭潜心于总结整理资料，把自己连锁经营的经验整理成全套“连锁宝典”工具，并撰写了《赢在连锁经济：从供销社学徒到连锁专家的探索》稿本。我觉得“连锁宝典”工具的确是他几十年苦心经营的绝佳总结，是连锁界的“孙子兵法”。而在阅读《赢在连锁经济：从供销社学徒到连锁专家的探索》稿本期间，我仿佛看到了当年叶耀庭带领员工金戈铁马、气吞万里如虎的沙场征战，一个运筹帷幄决胜千里的“连锁界诸葛亮”形象跃然纸上。

面对强大的对手，叶耀庭除了具有战略眼光、果断抓住机遇、善借东风等宏观能力外，还像诸葛亮一样，在加强细微的管理上下功夫。连锁超市和其他普通门店不同。普通的便利店和门店商品最多也就千余种，而超市的品类至少有几万种。因此，细致的管理就特别重要。叶耀庭做到了精细管理，也创造了辉煌。例如，商品损耗率在千分之一以下，这绝对是行业领先水平，很多企业难以做到，而叶耀庭做到了。

精细管理是叶耀庭经营智慧的重要特色，例如他所梳理的“实用表单”，共列有240张实用表单，都是叶耀庭在任职连锁超市董事长和做企业咨询服务时独创总结出的工具，涉及销售分析、考核、预算、消费者投诉、各岗位考核、人事培训、网点评估、品类分析、促销评估、供应商考评、商品管理，生鲜管理等连锁经营管理重点内容。实践证明，一张经过精心设计、形象生动的图表，往往胜过千言万语，更容易被理解和青睐，更能说明问题。这些表格就像当年的诸葛亮创造的“连弩、木牛流马”那样的微观工具一样，使得诸葛亮除了比对手有高出一筹的战略眼光外，也有更胜一筹的战术手段。叶耀庭也正是靠着这些细致的管理工具，才比其他商界才俊棋高一着。

那么，这位“连锁界诸葛亮”是如何养成的呢？叶耀庭在《赢在连锁经济：从供销社学徒到连锁专家的探索》这本书中详细回答了自己是如何从一线员工一步步成长为连锁企业董事长的，通过他的口述，我们不仅可以了解一位成功的连锁企业领导应具备的素养与能力，也可以窥探到连锁企业在找准目标顾客、搞好财务管理、科学绩效考核、加强人员培训、增加销售毛利、提升后台收益、控制经营成本等方面的原则和秘诀，具有极强的指导性。企业如按照书中所述去做，就会大有裨益。当然，书中写的跟实际做的毕竟是有差别的。正如南宋第一名将岳飞在谈到对兵书所述理论的运用时所说："运用之妙，存乎一心。"但是，连锁战线的奋斗者们毕竟是有了一本实用的"连锁兵法"。更何况叶耀庭现在"卧居隆中"，随时可以出山指导辅佐。

衷心希望《赢在连锁经济：从供销社学徒到连锁专家的探索》一书的出版，能够给中国连锁业者吹响成长路上的嘹亮号角，引领他们迎接胜利的春风！

陈岳峰

灵兽传媒CEO

序二

打开个人与企业发展的另一扇门

一

国内讲零售行业盈利模式或是介绍企业模式的书不少，我也经常收到很多企业或出版社寄来的关于零售业的书籍，但仔细看完的不多，本书是为数不多通篇读完的，越读到后面，越暗暗叫好!

中国连锁零售业，尤其是对于二、三、四线的中小连锁零售企业中高管来说，太需要这样一部浅显易懂的书籍来为自身和企业锦上添花了。

实际上，对于时下仍处于迷茫、大部分企业的销售与利润仍在无可避免地下滑的连锁零售业来说，这本书也可以称得上是雪中送炭。截至目前，国内尚没有这样的一本亲历者口述连锁业领导成长的书，真正从行业发展的务实角度出发，以自身数十年行业经验，以一家成功的企业为样板，360度全方位无死角，毫无保留地将所有的个人成长之道、企业运营心得、技巧告诉大家，从人才战略、采购技术、运营督导、成本控制、财务数据……涉及了一个企业良性运转，或者说保持长年稳定、持续发展与增长的方方面面，抽丝剥茧，淋漓尽致，就如一位烹饪大师直播教你如何做菜，原料、火候、佐料，一道工序一道工序，一边娓娓道来，一边珍馐呈现，你只需如法炮制即可。

此书取名为《赢在连锁经济：从供销社学徒到连锁专家的探索》，实不为过。这是一个真正经历过连锁业高速发展期，并将一家县级市场的企业打造成为区域标杆的企业家，亲历百战后的心法秘诀。

这也是从一家连锁企业从董事长、总经理职位退下来后，给这个行业带来的极为宝贵的一笔财富。

为什么这么说？

能把书写好的，不一定这么懂行业，更不一定真正做过企业运营，比如我这样的行业媒体人；

真正懂行业且驾驭过一家成功的连锁企业的，又不一定有水平、有能力、有时间来写书，更不一定能写好一本关乎行业中小企业生存与发展的书和一套工具；

而既懂行业、又能有水平写作的，不一定愿意如此倾囊相授、无私分享。

二

叶总是一位谦谦君子。

我们相识十余年，识于行业，知于行业。无论是他在任浙江供销超市董事长、总经理期间，还是退休以后，每次见面，叶总始终谦逊如一，让人如沐春风，也或许是环境使然，浙商可能就带着一丝这样的气质。

叶总当年掌舵的企业，是一家县级供销社旗下的超市，接手时处于亏损状态。他上任后，通过规范制度、明晰战略、绩效管理等各种实用手段，用“农村包围城市”的连锁发展战略，迅速成为区域零售市场上的龙头企业。浙江供销超市的牌子，由浙江省政府领导亲自授予了这家县级零售企业，其企业做得好与不好由此可见一斑。能把一家供销社企业做成这样，很不简单；能把一家县级零售企业做成这样，除了需要经营和管理能力，确实还需要一点大智慧。

这些年来，叶总还为行业数十家企业把脉经营与发展的战略，很多企业经其点拨而快速成长。这本书，便是这个几十年老零售人的商业真经。在我看来，中小连锁零售企业如果能够学以致用，真正可以做到招招制敌，招招奏效。

而拥有数十万亿消费市场的中国连锁经济，正是由90%以上的数以十万计的中小零售企业组成的。

三

大数据的应用已让线上企业开始向线下深度渗透，技术的发展已经让无人零售成为现实，中国连锁零售业躺着就能挣钱的黄金年代已经成为历史。数据和技术，正在让商业呈现千店千面，千城千面，甚至同一商品也能演变万千容颜——精准化、差异化、场景化、互动化一一实现，这将是一个技术重塑企业，也在重塑时代的时刻。

有人说，中国所有的生意都值得从头再做一遍。是的！但仅靠勤劳和努力的时代已经远去，传统经济时代的模式也已经或正在走进历史，如果还停留在工业思维的经营模式，结局只有一个：死去——快速死去，或者在一番徒劳的挣扎后死去。

行业的变化正以一种前所未有的速度在裂变。

李开复说，未来很多行业会被人工智能改造，更重要的是，这会是一个非常彻底的、非常血腥的改造。我认为，这其中包含了现在的实体零售。

但实体零售的传统思维，至今未看到实质性的改善。我认为，电商也好，技术也好，大数据也好，甚至越来越发达的人工智能也好，对零售业而言，都不是壁垒，更不是杀伐，而是好得不能再好的机会。只是，我们的企业和企业家，却还没有敞开心扉，去拥抱这个机会。

这确实是值得遗憾的。我希望这一转折点不要太长，因为机会的窗口期正在慢慢关闭。

的确，整个人类社会都在迎来一个史无前例的变革时代，我们的未来，已经不可预测。但对于连锁零售企业而言，我们需要窥探未来，同样需要关注当下。

今天大家都已明白：实体与线上，谁也否定不了谁存在的价值。但这并不能代表你的实体店未来有持续存在的价值。如果说大型连锁零售企业在迷茫未来，中小连锁零售企业未来面临的竞争环境同样险峻。你只有长期稳定发展，保持盈利，才有创新的资本和继续迈向下一个成功的基础。

《赢在连锁经济：从供销社学徒到连锁专家的探索》一书正在为广大的连锁从业者打开了这么一扇门，这扇门可能一直就在你的周围，但你却从未发现。一旦你找到并打开它，在目前的发展基础上更上一个台阶就不再是一个遥不可及的目标。

这就是这本书能给行业带来的价值。

我想，这也应该是叶总这位老连锁零售人的写作初衷吧！

目录

引子：连锁经济四问

中国连锁经济的发展，可以说实质上是在供销社这一历史背景下孕育而生的。供销社，作为计划经济时代的产物，曾是中国农村商品流通的主要渠道，它不仅承载着物资分配的功能，更是连接城乡、服务“三农”的重要纽带。然而，随着市场经济的兴起，供销社的传统模式面临着巨大的挑战。

“连锁经营”这一概念在很多人看来似乎是西方的舶来品。但早在1996年，浙江省绍兴县供销社一份名为《绍兴供销》的报纸上刊登了一篇文章，文中详述了“连锁经营”的起源与发展，并创造性地提出“供销社应发展连锁经营”的观点，作者正是叶耀庭。

文章发表的背景，正值国家鼓励全民经商之际。个体经济凭借其灵活的机制和个人主动性，迅速占据了原本属于供销社的食品、副食品市场，使得供销社业务开始全面萎缩。叶耀庭提出：“绍兴县供销社在浙江全省乃至全国都具有显著优势，应当利用这一优势，发展连锁经营，重夺市场份额。”

除了理论阐述，文章还详细讲述了连锁超市应该如何打造，各方面应如何协调，甚至具体到应该落实哪几个统一。这篇文章一经发表，立刻引起了彼时绍兴县供销社内部的大讨论，到后来供销超市经营危难时，最终决定让叶耀庭出任总经理，亲自操刀。由此，叶耀庭开启了“连锁经营”与“供销社”相互赋能之路……三十多年过去，叶耀庭是如何看待连锁经营历史和连锁经济的未来？为此我们开展了问答。

问：连锁经营最早出现在什么时候？

叶耀庭：第二次世界大战后，一些发达的资本主义国家的科学技术迅速发展，机械手、机器人一类自动化装置在生产中的应用不断增多，某些国家出现了“无人车间”“无人工厂”。这些高度自动化的企业，劳动生产率空前提高，产品产量猛增。从18世纪最后30年起，西欧各主要资本主义国家，先后通过产业革命从工场手工业逐渐过渡到机器大工业。

现代大工业的发展引起了民众消费需求的变化，需要新的零售经营方式来配套。继被称为“零售业第一次革命”的百货商店在法国诞生后，连锁经济应运而生。早在美国内战之前，在一些尚未形成大型零售巨头的行业和部门内就出现了连锁商店，比如杂货业、药品业和家具业。由于汽车的普及和郊区的发展，人们活动范围得到扩大，消费习惯也发生了改变。连锁商店扩展迅速，其标准统一，大多分布在小城镇和大城市的郊区，更能适应人们的需求。连锁商店的兴起被公认为“零售业的第二次革命”。之后的一个半世纪中，无数的商界神话崛起，造就了像麦当劳、肯德基、柯达、富士这样的企业巨人。

“零售业的第三次革命”是超级市场的产生。这一新型的零售形式是社会经济环境变迁的结果，第一家超市的发明者是美国人克拉伦斯·桑德斯（Clarence Saunders）。他受一头莽撞的小猪穿过篱笆逃跑的启发，于1919年在美国孟菲斯市开了一家名为“Piggly Wiggly”的自助商店。他在入口处装了一个只能进不能出的回转栏，店内摆满了各种食品、杂货供顾客随意挑选，顾客选好商品后，统一在出口处付款。因为这种自助购货方式节省了商店的开支，使商店降低商品售价成为可能，所以桑德斯的商店受到了顾客的欢迎。“Piggly Wiggly”得以在美国各地开设了近三千家分店。

问：连锁经营的好处是什么？

叶耀庭：连锁经营的实质，就是把现代大工业、大生产的生产原理和组织原则，应用于商品流通领域，以达到提高单品销量、协调运作能力和发挥规模效益的目的。

纵观当下，几乎城市的大街上都是连锁店，连锁会带来继承。按所有权和经营权的集中程度划分，主要有以下三种类型：直营连锁、加盟连锁、自愿连锁。

我们知道，企业之间的竞争要素是多样的，就同类商品的企业而言，它们所经营的商品品种、质量、包装、价格等，并无显著的差异。因此，企业要想扩大市场的占有份额，取得竞争优势，必须不断创新并采取适应消费需求变化的经营方式和组织形式，才能受到广大消费者的欢迎。连锁经济的好处是显而易见的，连锁商店采取任命各连锁店经理的经营方式，各连锁分店只管卖，不管买，连锁经营能保证总部稳定的销售额，总部就能像批发商那样大批量进货，进而再分配给分店，从而扩大了交易数量，节约了交易成本，增加了销售网点，提高了价格竞争力。

问：中国的连锁经营是怎样起步的？

叶耀庭：在中国，1984年8月，首家皮尔·卡丹专卖店在北京落户并开业，它以商标特许形式经营，被视作中国连锁经营的开端。1986年，天津利达集团公司创办了天津利达国际商场，并在国内率先组建起连锁店，拉开了我国本土连锁经营的序幕。1987年，木兰集团旗下的沈阳木兰家电进行了连锁组建，这可能是国内最早的家电业连锁销售案例。同一年，肯德基首家连锁店落户我国，3年后，麦当劳连锁店也开始在我国遍地开花。1991年9月，上海联华超市商业公司成立，从此掀起了上海的“超市热”。1993年，上海华联超市公司成立，创下了1天内同时开设6家超市的盛况，并在1年内将门店数增加到11家。此后，全上海几乎以每3天开设1家超级市场的速度发展连锁业。连锁经营作为一种零售组织形式在我国迅猛发展，其中尤以食品和日用品零售、餐饮等行业为代表。

另外，值得一提的是，供销社的历史经验也为中国连锁经营的发展提供了宝贵的参考。它教会了后来者如何在服务农村市场的同时，实现与城市市场的有机结合。同时，供销社的转型也为中国连锁经营的创新提供了实践案例——如何在保持服务初心的同时，不断适应市场变化，实现自我革新。

问：您是怎样定位连锁经济的？结合您对供销社的认识，如何看待供销社系统与连锁经济的关系？

叶耀庭：老子说“道生一，一生二，二生三，三生万物”，这虽然是个足以概括宇宙规律的哲学经验，但我认为用来解释连锁经济尤其贴切。简单地说，当若干个同行业的店铺以共同进货、共享统一的经营技术或是经营同一种商品的方式联系起来，期望达到实现提高规模效益的目的时，就是连锁经营。

连锁经营的重点是“网”。如今，连锁经营已成为整个零售业的重要组成部分。对生产厂家来说，如果能找到一家大百货连锁公司，把商品卖给它，商品就可以迅速地散发到它在世界各地的连锁分店。连锁经营以其遍布各地的分店所组成的网络，能够将大量货物从制造者手中送到最终消费者手中。

供销合作社在中国已有近百年的历史。新中国成立初期，建立了全国性供销合作社组织体系。此后其在曲折中快速发展，又逐渐沉寂，直到1982年，在机构改革中，全国供销合作总社第三次与商业部合并，但保留了全国供销合作总社的牌子，设立了中华全国供销合作总社理事会，保留了省以下供销合作社的独立组织系统。20世纪90年代开始，供销社合作社开始了市场化艰难转型。在政策的支持和市场化机制倒逼下，供销合作社逐步构建起以企业为龙头、以连锁经营为主要业态的遍布城乡的经营网络。

别看兜兜转转几十载，供销社的两大使命依旧没变：一是建立一套民生的保障体系，支撑老百姓的日常生活，满足人民的生活刚需；二是服务“三农”，即农业、农村、农民。

我们说，经营主体发展与经济发展之间是相互促进、相互依存的关系。只有当经营主体得到充分的发展，才能推动经济的持续增长和社会进步。经营的目标是在资源有限的情况下，通过有效的管理和创新手段来提高生产效率和产出，以产生更高的附加价值。而经济则更关注资源的利用和分配，以及如何满足人们日益增长的需求。从这个角度来看，供销社在中国连锁经济发展的历程中，具有极为重要的代表性地位。

在新时代的背景下，我们可以将“新质生产力”定义为在数字经济、智能制造、绿色环保、创新驱动等新兴领域形成的新型生产力。这种生产力具有高度智能化、网络化、绿色化、创新化的特点，它代表着未来经济发展的重要方向。而“新质生产力时代”则是在这种新型生产力的推动下，经

济、社会、文化等各个领域发生深刻变革的时代。

在新质生产力时代下，连锁经济的重要性不言而喻。它不仅是一种零售组织形式，更是一种新型的商业模式。连锁经济通过规模化、标准化的运营模式，降低了企业的运营成本，提高了效率，同时也为消费者提供了更加便捷、多样化的购物体验。随着新质生产力的不断发展，连锁经济将迎来更加广阔的发展空间。

然而，连锁经济行业从业者在新质生产力时代也面临着一系列问题和困境。首先，如何在激烈的市场竞争中保持竞争力，是每个从业者都必须面对的挑战。其次，如何应对数字化、网络化带来的变革，提升企业的智能化水平，也是从业者需要思考的问题。此外，如何实现绿色、可持续发展，如何在保持效率的同时兼顾社会责任，也是从业者需要关注的重点。

本书以叶耀庭的亲身经历和经验为基础，以朴实的语言分析连锁经济之道，为从业者提供宝贵的经验和启示。书中强调了“大道至简”的理念，指出无论是企业还是个人，想要在连锁经济中取得成功，都需要遵循规律、有所坚持。本书的出版，旨在为连锁经济从业者提供这些规律和主观经验，帮助他们更好地应对挑战和机遇。

希望本书能够对连锁经济从业者有所裨益，助力他们在新质生产力时代下取得成功！

绍兴钱清供销社工会第三批赴普陀山旅游合影留念

第一章

／

始终让理想触手可及

叶耀庭曾在中国供销社系统深耕多年。

1978年，叶耀庭入职浙江省绍兴市绍兴县钱清供销社，从学徒工到柜组长，他坚持勤奋和好学的态度，不断提升业务能力和管理水平。他学会做账，熟悉农资商品，用行动赢得了同事和农民的信任。他的职业生涯始于一个普通的营业员岗位，正是这份基层工作的经验，让他深刻理解了农业、农村和农民的特殊价值和地位，也使他认识到服务“三农”的重要性和深远意义。

第一节

从学徒工做起"勤奋看得见"

"中国的实际国情决定了农业、农村、农民的特殊价值和地位。那时候开始，我认识到了供销社服务'三农'的目的和意义。"

问：谈一谈您儿时的家庭环境和时代特征吧，它们是如何影响您的个性的？

叶耀庭：每个时代有每个时代的特点，家庭环境对每个人的成长有很大影响。我出生于1960年，那时正值我国三年困难时期。作为一个普通家庭，真是温饱都顾不上，所以我个子长得比较小。当时我父亲是杭州市余杭区供销社的一名普通营业员，在我之上，有一个姐姐、三个哥哥，我母亲在家做家务、培养孩子。我姐姐很早就参加了工作，三个哥

哥毕业后也都务农，上山下乡。我在家排行最小，是有资格留城安排工作的。我在1977年高中毕业后当了两个学期的代课老师，所以直到今天，那些曾经教过的学生遇到我，都会叫我“叶老师”，我也喜欢这个称呼。

在这种情况下，我从小就形成了自强、自立、奋进的性格。凡事从细节做起，总是给自己设定一个目标。我在小学、初中、高中各个阶段的学业都算是比较好的，班级成绩靠前。特别是高中，我的数学、化学在班级中数一数二，数学经常考100分，这为我往后的职业生涯打下了一个重要的基础。

问：在那个年代，有人会说“学校里学的知识到社会用不到”，您是如何看待学习的？

叶耀庭：我的小学、初中、高中，正处于“文化大革命”时期，那时候学的内容，应该说还是比较粗浅的知识，好在参加工作后我又读了10年的书，以带薪函授为主，时而要参加集训，既不影响收入，又能有学习的机会，于我来说还是幸运的。到最后，我取得本科文凭及北京大学EMBA。我的学习历程，对我个人的成长和人生的走向方面是影响深远的，所谓“知识改变命运”“知识增长才干”，在我身上得到了充分的验证。

问：第一份工作对人一辈子的影响很大，您是如何走上工作岗位的？

徐吉全

叶耀庭：1978年7月，我还在当代课老师。当地绍兴县钱清供销社一位管人事的同志徐吉全（后成为钱清供销社主任）找到了我们家里，跟我母亲说："你家有个高中毕业生，想不想到供销社去，可以安排工作。"

在此之前，我曾有两次参加工作的机会。一次是到铁路部门，那时候铁路部门员工待遇好，大家都很羡慕；另一次是进当地一家米厂任人事工作，我姐夫马忠良老师跟米厂书记较熟悉。工厂捻米场地噪音大，我不太喜欢那个环境，但一想能做人事工作，也愿意尝试。于是我一边代课，一边等待时机，没想到两次机会都被人"开后门"开走了。这种现象在当年很常见。

到供销社工作我还是很喜欢的，我自认有做生意、搞管理方面的天赋，所以很快答应了。报到当天，领导说：你们这批招进来的五个人都要到乡级农村分社去锻炼。因为乡镇供销社直接面对的是"三农"，新人能得到很好的锻炼。而后领导特别和我强调："你是高中生，去了以后更要勤奋、好学、上进。"在那个年代，单位里的高中生文化程度算是高的，比较稀缺。

7月25日，我正式上班。分社主任叫魏泉土，是位军转干部，为人和善热情。他专门找我谈话："小叶，这里

魏泉土

离你家不远，只有3里路，走路也就半个小时。我们马上要建造新房，条件暂时稍微差一点，你如果要宿舍的话，只能委屈一下睡仓库里面。”我回答说吃点苦没问题，我主要是想通过学习锻炼培养工作能力。随后领导就安排我到生产资料柜组工作。

那时候生产资料柜组是一个综合性柜组，它既供应农资商品、化肥农药、农机具、机柴油，也有五金商品，还有电线、插头、插座、灯泡，以及电风扇等家用电器……总之，凡是农业上要用的这里都有。此外还附带一个农产品收购及再生资源收购，当时叫“废旧物质收购”。

我在柜组里学到了很多。领导专门给我安排了一个师傅，叫阮文洪，是一名老工商业者，公私合营时进来的，做生意经验比较足，人也好打交道，对客户非常热情，一切为顾客考虑。在这样的环境和背景下，我开始了我的学徒生涯。

问：当学徒要做哪些具体事项？您有哪些收获？

叶耀庭：我比较幸运，当年所在的钱清供销社，十几年后先后升级为省级先进企业，国家二级企业，是我们浙江省基层供销社中唯一一家国家二级企业，单位自身优秀，氛围很好。

做学徒首先学做柜组账。当时柜组账讲究“进销调存”：先进货，然后销售，然后调拨、库存，要求是“四脚落地”——就是你进货了销售多少？调拨多少、库存多少？这些全部要画等号，当中哪怕有一分钱的误差，也要重新来过。我师傅跟我说：“平时工作你要很仔细。比如每天小票汇总，你按照品类、品名汇总好，汇总数据必须准确，这样到最后月底编制报表的时候才会准确。”

师傅的话我铭记于心。我这个人是能静下来专心做好一件事情的。有时候遇到月底出现一分两分的误差，我也不敢马虎，必须把前面的凭证查一遍，力求算准。三个月后，我做柜组账已得心应手，而且都一次成功，师傅也经常表扬、肯定我的天资和用心。

在当学徒工的时候，我经常要和农资商品打交道。化肥及农药的品种很多，对此单位也经常开展竞赛活动，比如闭上眼睛凭气味来判断这是哪些化肥，或这是哪些农药的单品。所以，这方面我们平时也要经常练习。我很要强，记得第一次参加区供销社的竞赛活动，由于准备不充分，没有进入前六名，为此让我暗下决心，一定要下苦功夫，务必要准确判断出这些商品。

当时我们中午是调休的，我总是和师傅及年纪大的员工、老员工说：你们先去睡觉，我来值班。中午的客户较少，有时候师傅们会睡过头，我也就不去休息，反正自己年纪轻，不午睡也没关系。另一方面，因为我刚参加工作，自己想多学业务知识、政治时事，基本上是不午睡的。哪怕是午休，我在宿舍也是看报纸、了解新闻，同时学习商品知识。日常工作中，客户来找我开票，开好票后如果看到同事在忙，我会主动领客户去仓库提货，做到忙而不乱。盘点的时候，我也会提前下功夫，到仓库将商品先整理一遍，因此得到了师傅和老员工们的表扬。

我记得1979年开始，单位建立奖金制度。当时一等奖是一个月五元，二等奖是四元五角，三等奖是四元——每档相差五角。第一季度评选时，员工们就一致要给我评一等奖，我说我的工作才刚开始，第一个月绝对不能评一等奖，我还需要努力。于是从第二个月开始，我每个月都拿一等奖。

问：当聪慧和勤奋相结合，一定让人刮目相看。但是有时候努力地工作也不一定总是得到回报，您怎么看？

叶耀庭：努力地工作不但会让我得到前辈的认可，同时也让我比其他年轻员工学到更多的知识，掌握更多经验。

有一次，绍兴县南钱清乡政府要刻印现场资料，得知我做代课老师时在学校里有类似经验，所以经常让我帮忙刻蜡纸，还专门给我买了一副刻字钢板。我非常乐意，我认为这对自己来说是另一番锻炼。此外，我还利用自己文字功底较强，善写文章的优势，开始撰写报道。我们单位本身有一张小报，叫《钱供通讯》，县供销社有《绍兴供销》小报，县里还有县报、县电视台，乡里有乡电视台、乡广播站，所以我写稿不愁没地方投。慢慢地，我成为一

绍兴县钱清供销合作社、钱清供销社工会

名通讯员，小有名气，大家都知道有一个叫“叶耀庭”的人，文章写得好。所以我认为，真的是“勤奋看得见”，你付出了，也许不一定马上就有收获，但是你坚持日积月累，总会得到回报。

出色的成绩让我获得提前转正，并且提升为柜组长。1980年，当地政府部门非常重视帮助山农增加收入，发展多种经营。什么是多种经营？就是农民除了发展水稻、大麦生产种植外，可以多种一些西瓜、茉莉花、蘑菇等农产品，以此来增加收入。每个自然村都发展出了自己的特色，要么是种茉莉花，要么是种水果，要么是种菌类，我们柜组也面临着分划。

【评析】

中国早期诞生的“超级连锁店”

在整个计划经济时期，供销合作社是县以下农村流通的主渠道，在发展生产、保障供给方面发挥了重要作用。

在中国，第一个合作经济组织是1918年由北京大学师生员工自发组成的“消费公社”。中国共产党领导下的合作事业起源于1922年，党中央派人员到安源镇老后街创办了第一个消费合作社，经理为毛泽东。新中国成立初期，供销合作社就基本形成了自上而下、覆盖全国的组织体系和经营服务网络。

一直以来，农村是供销合作社的主战场。早在1949-1952年的三年恢复时期，全国就建立起35000多个基层合作社，其中农村供销社3.2万个，社员1.3亿多人。浙江省的合作事业，初期以信用合作社业务为主，1936年以后开始经营特产业务。抗日战争时期，为了适应战争环境需要，肥料、种子一类农业生产资料供应及生活杂品资料的分配，大多由合作社经营，这时合作社的信用业务快速转向了供销业务为主。

初来乍到的叶耀庭先从学徒工做起。当他站在高高的柜台后，背靠那些名目繁多的农药，心里在琢磨：怎样在平平淡淡的岗位上干出一番事业？每天都有成群的农民来买化肥、农药，他们总不忘顺带给叶耀庭送些新鲜蔬果，叶耀庭和同事们也会帮忙捎带一些城里的糕点。看到老前辈与农民们嬉笑聊天，打成一片，叶耀庭被这种朴素而平淡的工作感动了。

“中国的实际国情决定了农业、农村、农民的特殊价值和地位。那时候开始，我认识到了供销社服务‘三农’的目的和意义。”

第二节

提前转正 担任柜组长

“别看采购部柜组长是企业中最小的‘官’，却是承上启下的重要岗位。这个岗位相当锻炼人，它面向农民、接触的是农产品，又要跟工厂直接打交道。”

问：20世纪80年代，您成为绍兴县钱清供销社的一名柜组长，接触了管理岗位，您是如何看待这次任命的？

叶耀庭：20世纪80年代，因老员工文化程度不高，工作效率低，工作实在忙不过来，所以领导就安排我去担任农产品收购的柜组长，那其实对我来说是一场考验。

由于儿时营养不良，我打小就很怕冷，冬天双手几乎都要生冻疮。这种情况在那个年代并不鲜见——双手双脚生了冻疮，肿得一塌糊涂，一到晚上就很痒，连入睡都困难，相当难受；白天双手怎么也用不上力气，精神也很萎

靡，而农产品收购的工作，恰恰就意味着经常要面对风吹雨打。但是我认为领导的这个决定，对我而言也是一次机会，我就挑起了这份重担。

那时候收购鲜蘑菇，鲜蘑菇收进来要进行两遍漂洗。第一遍用漂白药水浸泡，第二遍用淡盐水洗，之后必须在4小时内送到杭州罐头食品厂。如果超过4小时，那么鲜蘑菇品质就要下降，价格大打折扣，就意味着我们要亏损。所以，提高效率加快收购是关键。

经过一段时间观察，我发现由于上午收下来的蘑菇需要3~4小时内必须送到杭州罐头食品厂，所以载货的车早早就等候了；而农民们也早早就在排队，希望蘑菇能卖上新鲜价。可是我们单位员工人数有限，既要收购又要装载，速度较慢。于是我就发动排队的农民兄弟，帮忙一起搬运、一起装车，那样我们就能专注收购环节，等于也帮他们加快了进度，一举两得。所以他们很乐意主动帮忙。我们很快达成了一种互帮互助的默契。

问：其实，那时候您单位和群众的关系是非常密切的。

叶耀庭：对，作为供销社一员，我和所有员工一样，总是会站在农民群众的立场去考虑一些问题。

比如蘑菇在收购的等级方面，有一级品、二级品、三级品及次品之分。农民总会把三级品掺一部分到二级品里，二级品掺到一级品里。作为农民来讲，希望自己的劳动果实多一些收入，那种心情我们也是理解的，但我跟他们讲：收购后送到杭州罐头食品厂也是要验收的，所以你掺的比例就不能太高。至少一级品里面80%是要符合标准，那么允许20%中可以掺少部分的二级品，以此类推。但是，三级品当中绝对不能掺有次品。所谓次品，就是开花了，其实就是不值钱了，只能当菜菇去卖。

那时候，因为鲜蘑菇的营养非常高，大家都非常喜欢，假如掺有次品，最终会影响罐头品质。针对这种状况，我打电话给储运公司，他们一共有十几辆车、十几个师傅，我基本上会给那些司机师傅每人准备一包菜菇。司机师傅开心了，积极性就高了，换来了更快的装车速度，提高了效率，对农民来说也就是实打实的利益。

久而久之，那些开车的师傅们也很喜欢到我这里来。只要一提到“南钱清”收购点，他们都交口称赞，我们彼此交上了朋友。

问：您又是如何干好柜组长这一岗位的呢？

叶耀庭：别看采购部柜组长是企业中最小的“官”，只管理几个员工，却是承上启下的重要岗位。这个岗位相当锻炼人，它面向农民，接触的是农产品，又要跟工厂直接打交道。不但自己要带好头，还要安排利用好手下的几个“兵”。

想做好管理岗，首先要以身作则。大伙儿空的时候，我肯定不歇着，去做账做小票的汇总；大伙儿忙的时候，我亲自验收收购，因为这方面我经验比较足。此外，我们干的都是体力活，如果天太热，动不动就出一身汗。每当工作有闲暇，或是下午快下班之际，我基本都会让员工先走，我来“断后”扫尾，往往是最后那个走的人。时间久了，他们看在眼里记在心里，对我形成自发的尊重，彼此间才会慢慢形成默契。

此外，想做好基层管理，还得不断学习，不断充实自我。除了收购蘑菇，我们还要收购鲜茉莉花，也要求几个小时内送达花茶厂，否则花苞一旦开了，花茶就制作不了。此外还要收购新鲜水果，比如西瓜、李子、杨梅……这些农产品的时间性都非常强。

我们的任务是帮助农民增收，一来帮助农民做好种植、养殖工作，二来就是要把这些产品收购起来。采购部门将这些农产品收购后全运到城里，和批发公司联系好，再运送到县公司，然后分配到城里各门店去销售，这样的流程对品质要求比较高，也要求我们有技术性非常强的产品验收知识。所以我在当柜组长的时候，经常到新华书店“淘金”，了解各种水果的生长规律、品质条件，质量验收时的要求，以及瓜果的生命周期。只有这样，才能精准把握标准，为做好收购工作打下良好基础。由于我们工作一丝不苟，县里批发部和我们也都保持很好的关系，他们验收很切合实际，货款支付也很及时，使收购工作开展得有条不紊。

问：您又是如何开展管理工作的呢？

叶耀庭：从我几年柜组长岗位工作的经历来看，我深深体会到：要做好工作，第一是要用心，第二不要怕吃亏，所谓“吃小亏占大便宜”。

由于采购柜组是新组建的，成员其实都是年轻人，年轻人有一个特点：工作的时候很努力，可一旦空下来，就不好管理。我一般是这样做的：夏天工作空闲时候会让他们赶紧去洗个澡，我帮他们茶水什么都准备好；我们会在淡季开展团队活动，比如爬爬山、野餐一下，保持快乐的工作氛围，这样一来，就很好地调动起年轻员工的积极性。

能看到员工优点，懂得知人善任、唯才是举，是做好管理者的重要素质。当时发生一件事，批发部负责人要退休，分社主任要我推荐人。1980年，我柜组新进一个员工，是部队复员归来，素质、悟性都非常出众，我觉得他是个人才，就极力推荐他。他担任批发部负责人后，我们也加强日常交流，如工作上哪些要注意的、哪些要积极用心去做的……果然，后来他在批发部岗位上干得有声有色。几年后批发部搬到镇里，业绩突出。作为带头人，他在当时整个钱清供销社年轻员工群体中，也是出类拔萃的一员。1993年3月钱清供销社与华清公司分离后，他还成了钱清供销社经销公司总经理。经销公司主要为工业生产服务，为乡镇企业服务，提供棉纱、涤纶丝等产品，生意做得很大，很是风光。

回过头来看，他的职业经历充分说明了一个员工只要用心工作，始终是有机会得到领导肯定和重视的，最后也就能够做出一番事业。我柜组还有几个员工后来当了柜组长，有的还当上了经理，他们很有活力，我们之间也一直保持友好关系。

【评析】

用心创造人生第一次“起飞”

1978年下半年，叶耀庭无师自通地学会了做柜组账。柜组账关系到商品进出的许多个环节，要求很严，哪怕相差一分钱，都可能要重新算过。这种账供销社原本没几个人会做，叶耀庭却可以很轻松地做出来。凭借这一手“绝活”，学徒刚满期的叶耀庭就很快被任命为农副产品收购部柜组长，这或许是彼时的叶耀庭自己也始料未及的。

功夫在诗外，在看到叶耀庭第一次“起飞”之时，我们绝不能忽视掉他那一丝不苟、忘我付出的工作态度。稻盛和夫说：“极度认真地工作能够扭转人生”，叶耀庭说：“要做好工作，第一是要用心，第二不要怕吃亏。”他们都用自己真实的人生经验阐述了相同的道理——只要不求回报地认真对待自己的本职工作，那么不论身在什么处境，总是能得到命运的青睐。而一般人所认为的“好运”，恰恰是全心付出后自然而然的结果。

第三节

由优秀通信员成长而来的老总

“我建议学历高的年轻员工从学校毕业就可以做一名通讯员或类似的事务，磨炼自己，几年后也许就能收获事半功倍的效果。”

问：日常工作中，有闪光点的年轻人常会被领导快速发现并提拔。您年轻的时候，对什么最感兴趣？和同龄人相比，有没有什么特殊的经历，让您在工作上获得加分？

叶耀庭：1977年7月，我高中毕业。读书期间，我各科成绩基本位列班级前茅，在校还负责出黑板报的事务，还有刻蜡纸，练就了较扎实的文字功底。

参加工作后，当时供销社内部都有企业小报，县供销社有《绍兴供销》，档次比较高，由县印刷厂统一印制，我们钱清供销社有《钱供通讯》，两者都是每个月出一

期。县广播电台、县报社等单位会下达各乡镇政府通讯报道指标。南钱清乡是一个农业大乡，土地多，为农服务成为最主要的报道素材，而供销社主打的正是为农服务，所以就会帮他们完成一些指标。

我最初工作的生产资料部门，专门供应化肥、农药、农机具器材、机柴油等，是直接为农业生产赋能的；当我到采购柜组后也直接跟农民打交道，所以在为农服务方面有很多素材。比如说春耕时节，我们讲究“粮草先行”——化肥、农药、农机具器材、机柴油等都必须提前准备好入库，是为农业提供生产前的服务。我及时将这些稿件写好投出去，县广播电台、县报社非常感兴趣，刊发率也比较高。

南钱清乡广播站一年有50篇稿件的上报任务，没想到我一个人就完成了35篇。为此乡广播站工作人员非常感激，每年年底都会给我送奖状、奖品（我清楚记得其中有个搪瓷脸盆，上面印着广播站授奖内容和“先进工作者”字样，很有意义。我一直保留这个搪瓷脸盆，直到2002年不小心摔坏才废弃），他们平时也与我经常沟通，希望我多投稿子。因此我成了乡里为数不多的通讯员。

问：对您来说，干通讯员是不是得心应手？您是如何做好它的？

叶耀庭：事实上，做通讯员并不是一件轻松的差事，需要占据你大部分闲暇时间，但只要你用心去做，体会到它的乐趣，就不会觉得枯燥。

我充分利用午休和晚上时间，那时候我年纪轻，还没有睡午觉的习惯，别人午休睡觉时，我就一个人静静地看书、读报纸，了解时事，同时思考怎么写稿。有时候白天太忙，偶尔捕捉到一些新闻信息，就一定会利用晚上时间写稿。这个习惯被我一直保留至今。如今就算是凌晨三四点，突然想到一个事情，我也会马上起来写上十分钟、二十分钟。我老婆醒来还会问我：你怎么深更半夜就起来了？我说怕明天忘了。

做新闻需要进行采访。我在农村分社工作，与生产大队、生产小队打交道，和村主任、村书记关系很好，能很好地了解生产动向。每当采购柜组淡季时期，我就去村里做采访，为通讯稿件增加了不少好内容。因此，我可以做到“一稿多投”，同样一份稿件，县报也投、县广播电台也投，我们钱清供销社和县供销社的企业报也投，好多稿件也是被三个单位同时选用，于是我的积极性越来越高。

问：干通讯员工作给您带来了什么回报？

叶耀庭：最大的回报就是锻炼文笔。一开始，我写初稿上报，报社编辑肯定要做修改。刊登以后我就会看着报纸反复琢磨：为什么要这样修改？时间久了，我写文章就越来越有经验。我记得曾经在县供销社企业小报工作的章培庆编辑，一次见面时跟我说：小叶你的稿件越来越成熟，我基本不用修改就可以登报了。所以说，功夫在诗外。干通讯员既让我得到很好的锻炼和成长，也给我提供了展示的机会，让领导和各企业对我都比较熟悉。

后来我当公司领导以后，喜欢去各地跑。有一次，我在《绍兴供销》里看到一个信息，说马山供销社有一家建材商店销售钢材、水泥工作非常好，我决定去实地了解一下。到了现场，社里员工得知我就是叶耀庭，纷纷说：你是大名鼎鼎的优秀通讯员，每一期的《绍兴供销》通讯我们都在看，上面你的文章非常多，而且写得很精彩，对我们工作很有启发。听完之后，我很有感触，那简直是最好的激励！

综上所述，我认为当上一名优秀的通讯员，对我个人成长是很有益处的。第一，它提高了我的写作水平，通过平时努力的付出，我磨炼了写作技巧，提高了投稿命中率，那时候我的稿件至少是十投八中，大大增强了我的自信心；第二，在写通讯报道时，总会提及单位和领导，这在领导看来就是为企业做宣传，让单位名声在外，领导就会很开心，对你肯定另眼相看，那重用你的机会就会比一般员工多。我后来被提任公司总经理助理，总经理鼓励我继续写作，整年度报道写下来，单位全年重要工作都得以体现；第三，我也得到了广大同事肯定和支持。因为我写的报道绝大部分都是正能量的，把企业好人好事报道了出去。

问：事实上您在此过程中也磨炼了一双关注他人、发现事物的眼睛。

叶耀庭：对，说到这里，做通讯员确实还有一个好处：你能在优秀干部、员工身上学到很多好作风，以及他们的工作经验，这一点对我帮助特别大。

我们当时分社主任叫娄水泉。娄主任对帮助农民发展多种经营很有一套。当年我们鲜蘑菇、茉莉花这两个产品风靡全县，在日常工作中，我就发现娄主任工作非常细心。比如鲜蘑菇生产时需要搭架子，要采购大量毛竹，本地满足不了，娄主任就安排人到绍兴夏履镇、湖州竹乡安吉县等地采购，帮助农民解决了生产资料问题；种蘑菇需要的牛粪，要到养殖场去采购，娄主任就发动我们帮助对接；还有菌种问题，我们要到农科所去购买菌种，回来后还得请专业师傅教导农民种植。我们特意从萧山请来一位方姓老师傅，他非常负责，手把手教农民种蘑菇。到收割时节，还要考虑时间的把握问题。一级菇加工以后是要出口的，所以要求非常高，鲜蘑菇需要在几个小时内采摘，送到收购站漂清后就立马打包及时送罐头厂加工，确保形状、口味、组织紧密度都符合标准。对于这些种植流程中所有的细节，娄主任都考虑到了，我们也跟着学到为农服务的知识，明白如何在生产前、生产中、生产后怎样提供帮助。也正是这样，当时我们乡成了县里蘑菇生产典范、明星乡，其他好多乡镇都前来学习、参观、取经。

问：您在做通讯员的时期，是否用发稿的方式帮到他人？

叶耀庭：当我担任公司总经理助理时，发生过一件事。那时候我们有两个药品批发部，一个是西药批发部，一个是中药批发部。

西药批发部负责人叫翁水林，这个经理很会做生意，他把绍兴当地药品批发到萧山衙前、丽水、温州等全省各地，效益比较好。当时他们部门11个员工，年创造利润280万元，个人奖励收入也最高。我得知后就把他的工作经验总结出来分享给单位系统，尤其是他们具体怎样为客户做好服务的，希望更多同事学习。

一次年关，他在丽水追一笔货款，他老婆临时生病住院了，需要立即动手术，医生说还是有一定危险性的。当时我就打电话给他，希望他尽快赶回来。他电话里说：叶总，我好不容易找到这个人，40万货款不是小数目，如果说我现在回来，那就前功尽弃了。他说家里托我照看一下，然后又叫他老婆哥哥到场。最后，医院里手术签字是我签的。医院问我代表什么？我说我是单位领导，他老婆也是我们单位的，她老公是我们优秀的中层干部。所幸最后手术顺利，否则我的压力也很大。

像这样全心全意维护单位利益的行为，我作为亲历者就客观地把细节写出来，登在县供销社《绍兴供销》上，结果全县供销系统干部员工都认识了他，所以他对我非常感激。

我认为这是一件好事，对自己的成长、职业生涯都非常有利。为此，我建议学历高的年轻员工从学校毕业就可以做一名通讯员或类似的事务，磨炼自己，几年后也许就能收获事半功倍的效果，为日后成长做好铺垫。

【评析】

享受亮眼、迈腿、洗心的过程

叶耀庭写得一手好文章。经过和他老同事、老领导求证，他担任单位通讯员时写过的每一篇分社通讯与评论，无不引起组织和领导的重视与认可，不愧为当地供销通讯和县广播电台的优秀通讯员。

想成为一名成功的带头人，必须具备良好的写作能力。很多著名企业家都善于在写作中提升自我。因为在写作过程中，需要不断认清问题的本质，总结事物的规律，你需要有一对善于发现的眼，需要有一双喜欢奔走的腿，还需要一颗能坚持真理、富有正能量的心。而这些东西，无一不是企业家带领企业走向卓越的必要“装备”。

叶耀庭和同事在青梅收购现场

第二章

成功的路径不难找 贵在坚持

被誉为日本“经营之圣”的实业家稻盛和夫曾说过：“只有不断挑战自我，才能达到事业的巅峰。”

对此，叶耀庭十分认同。他曾总结出一句话：“8小时以内求生存，8小时以外图发展。”这不仅是他对自己在供销社工作经历的总结，更是其长期秉持的理念。他坚信，只要在工作之外持续投入时间、精力来提升自己，成长和成功就随之而来。

叶耀庭说：“很多人说成功有很大的偶然性，也就是所谓的‘运气’，但我始终认为，‘运气’只是假象，真正决定你能成功的，一定是长期的坚持和不断的努力。”这一点，在连锁零售行业显得尤为突出。连锁零售的大部分工作，主要是针对“人”“货”“场”三大要素而开展的，而且标准化极强。对从业者而言，大家在日常工作时间内的投入并无太大差别，想要实现个人价值最大化，无论是在知识的积累、技能的提升，还是在人际关系的处理上，都需要用超越常规的工作时间和精力投入。

第四节

8 小时外图发展

“8小时以外图发展，这对每一个渴望成长的人来说都是非常必要的。可以说，8小时以外你付出越多，你的成长就越快。”

问：“8小时外图发展”是您常和年轻员工提到的，具体如何理解这句话？

叶耀庭：这句话完整来说是“8小时以内求生存，8小时以外图发展”。我的经历证明了这一点。即使入职时文化程度较高，但如果下班后不继续努力，成长也将会受限。

我的方法是：首先，工作中不拖延。我通七点半就到岗，准备茶水，打扫卫生，为一天的工作创造良好氛围。这种提前投入，让工作能更顺利地开展。

一来采购柜组都是体力活，所以我们的茶水用量比较大；二来农民来了我们也要为他们准备茶水，对农民兄弟要友好相待。所以，一大早做好“茶水功课”是必要的。有时候有的员工到得早些，我们就一起来做好这件事。忙忙碌碌一阵子，等大部分员工准点上班时，看到茶水都泡好了，卫生也搞干净了，大家就可以直接上岗工作，氛围比较舒服。这一份舒服感觉的背后，每个人都知道是我们领导在付出，所以员工的积极性也高了。因此，我认为干好工作不能早九晚五，你应该提早一点，好处就是好多工作能提前开展。

其次，下班后，我会到新华书店学习，提升自己的知识储备。我相信，通过不断学习，可以更快地成长。

那时候我们一般是五点到五点半下班，我回到镇上的家里后，新华书店还开着门，我就一定要到新华书店里“淘金”，我要看看怎么更好地完成白天碰到的工作。比如怎样做好服务？怎样与客户交流？顾客心理学是什么意思？怎样算好账？……这些问题，我都会带到新华书店里去找一下。遇到有些书籍内容的确比较好，我就花钱买来，在我看来，这样做相当于平时工作就多了一份支持。其他但凡有时间，我会保持写稿的习惯，也会到基层去了解实际情况。

问：不同人群能接触到的信息渠道不同，有人因为信息获取门槛过高而无法实现自我提升，这在您和团队身上是如何解决的？

叶耀庭：我们通过各种方式获取知识。早期，我依赖新华书店；后来，网络成为我信息的主要来源。无论是通过书籍还是网络，关键在于我们如何筛选和利用这些信息。

有句话说："工资是发给日常工作的人，高薪是发给承担责任的人，奖金是发给做出成绩的人，股权是分给能干忠诚的人，荣誉是颁给有理想抱负的人，辞退信是送给没有结果还爱耍个性的人。"

职场没有四季，只有"两季"——努力就是旺季，不努力就是淡季。在工作中，如果你想比别人成长快，就要落实"8小时外图发展"。

前面提到，镇上没图书馆，在休息时间里，我就上新华书店"淘金"。新华书店对我的成长至关重要，在知识和信息匮乏的日子里，真的要感谢新华书店为渴望学习的人提供那么好的渠道。每个月发工资了，我就去买书，诸如商业服务、经营理念，学习怎样开好店、怎样当好一名营业员等书籍。有时候在新华书店通过翻阅已经找到了问题的答案，就不用买回来，用一两句话做个笔记就很好。渐渐地，我就养成了摘抄记录的习惯，这种摘抄一直保持到今天。

到了20世纪90年代，已经普遍能上网，我们转向互联网要答案。网络时代信息大爆发，虽然网上鱼龙混杂，可能会遇到错误的信息，可能会碰到有问题的资料，但只要稍加判断，查到的信息还是有参考意义的。

2011年微信开始运营，给中国人的交流提供了很好的平台，我们获取知识的方式又有效了不少。所谓“圈子决定命运”，不同时代有不同的特点，微信可以是沟通、娱乐的工具，同时也可以是很好的学习工具。我微信里的朋友约有2500人，又参加上百个微信群，大部分是连锁经营专业的交流群，大家会彼此分享有价值的信息和资料。譬如“灵兽传媒”，他们平时会对零售业某些现象做评点，年底会把一年中零售业发生的大事进行总结，对行业人士很有启发。平时我很关注这些内容，就像曾经摘抄文献一样，我习惯将看到的有用资料截存下来，分门别类地保存在电脑里，只要有空，就会对这些资料进行撰写、评析，融入自己的实践经验和思考。

用这种方法，我积累下200多份零售行业报告，连同平时阅读到好的文章，统统归类到专门的文件夹里。因此，我的电脑总是满满的。这些经过消化、批注、编辑的文章，以及可供援引的电子资料不但令我在职场中如虎添翼，也直接为我做咨询服务提供宝贵的理论支撑。

值得一提的是，我们在寻找答案时一定要注意“务实精神”，也就是说，当你碰到一个问题，第一时间应当思考：怎样用最朴素的语言来表述？如何用一两句话就表达清楚？倘若自己都不能描述清楚问题，是很难找到有用的答案的。事实上，“功夫不负有心人”这句话放之四海而皆准。即便是面对海量信息的网络，只要心中始终明确想要解决的问题，任何人都能发现适用于自己的查询法则，筛选到有价值的信息。

问：有网络之后，您是否还保持原来摘抄报纸期刊的习惯？

叶耀庭：所谓“学习使人进步、学习改变命运”，回忆我的童年、少年、青年时期，基本是在很好的学习氛围中度过的，学习使我受益终身。无论时代如何变迁，摘抄始终是我学习的重要方式。

在“8小时以外”，我习惯了睡前把当天所有报纸从上到下、从第一版到第八版都看个遍。读到哪一段文章写得好，对我有启发，我就把它剪下来，专门贴在一本文件夹里。摘抄报纸的习惯让我对新闻、重大事件的了解更为深刻，大到国际上的大事如哪些国家间发生冲突、哪些国家建立外交关系、哪个国家选了新总统、哪些国家发生了动荡……对此了然于胸。有了材料的积累，我业余写文章会有很多专门评析社会现象的评论，如针对企业经营中某种乱象做分析等。不要小看这日积月累的“小练笔”，它慢慢地会帮助我在工作中成就“大手笔”。

问：作为管理者，也许就算下班了也没有太多空闲时间。

叶耀庭：假如你是“一人之下百人之上”的领导，确实每天是忙忙碌碌的。可是也要有“功夫在诗外”的觉悟。比如员工家庭夫妻俩吵架了，有可能家里小孩生病，有可能这个家庭遇到了困难，这时候作为店长、经理，你就有责任在“8小时之外”的时间里上门进行关心、家访。

我当采购商店经理期间，经常遇到要加班加点的情况。比如收购蚕茧，蚕茧是鲜活的，收来后要经两次烘干，第一次将蚕蛹烘死；第二次把茧里的水分烘干。一旦烘干机开始运行，就是24小时连续运转，所以需要有人驻扎在现场，时刻关注着机器。员工在现场打铺，有些空闲时间怎么打发？年轻的员工们经常会下下棋、打打牌来消磨时光。

日子久了，他们老婆总感觉不放心，到我这里投诉，甚至在单位里闹。我从不认为那是工作8小时以内的事情，而是要在工作时间外抽时间，上门去做工作。我要为这些员工做担保。由于作为单位领导也是8小时以外牺牲自己的时间来调解，这样的付出就会得到员工及其家属的认可。他们会将心比心，觉得我作为经理人品是比较正。员工也会觉得我当领导能够把他们当自己人，帮忙说话，能够真正化解家庭矛盾，他们也非常感激，所以平时工作时间他们就会更努力。这实际上也为创建和谐企业创造了条件。

所以8小时以外图发展，这对每一个渴望成长的人来说都是非常必要的。可以说，8小时以外你付出越多，你的成长就越快。你的成长、成功与电视、游戏、嬉戏成反比，电视看得多，游戏玩得多，嬉戏的时间多，你的成长就会被耽误。所以8小时以外要多花点时间在学习上、在工作上，作为领导，要多花在与员工的交流上。

正因为我认准这个理，为我日后的职业发展打下了很好的基础。从柜组长、副经理、经理、总经理助理到主任、总经理、董事长、集团副董事长、副总经理、县供销社的副主任，可以说我们单位系统全部岗位我都干过，大大小小的事情也都经历过，运用好8小时以外的时间，我对每个岗位情况都了如指掌，工作起来才能做到得心应手。

问：在连锁零售行业，您认为应该如何利用好8小时以外的时间，来获得更多的技能增长？

叶耀庭：1999年7月后，我在供销超市当老总，渐渐形成了一个习惯：晚饭以后，我会开着车子去各个门店转一下，去“微服私访”。我不一定找店长，更多时候是从最基层的门店员工那里了解门店问题、经营情况。比如我发现生鲜区的卫生问题、地面湿滑问题等，就在周一开会的时候将问题提出来强调，也可以跟营运总监、营运部单独进行交流研究，务求得出解决方案。又比如哪类商品缺货，需要采购部怎么解决？怎样才能真正满足门店需求？怎样提高门店的要货技能？是否要进行一些培训交流……8小时外到门店去很重要，我们连锁企业所有的提升机会几乎都在门店，所有的问题、弊端大部分也都在门店。我发现，有的门店管理非常好，店长非常敬业，他的卖场氛围就特别好，商品陈列非常到位，员工忙忙碌碌，顾客熙熙攘攘，看到这些场景，既是对我个人的激励，同时也让我总结到了切实的经验。一家门店能成功，必定有他成功的理由。我注意到，有的店长对员工管理很在行，他善于组织培训交流会，而且处处以身作则，店长在门店中的威信就非常高，综合下来，他管理门店就很顺利。再如，有的门店商品品质管理优秀，商品品种齐全，能极大满足消费者的消费需求。说白了，无论是新零售、老零售，商品永远是核心竞争力，只要有好商品，哪怕环境稍差一点，照样可能生意兴隆。当然，如今时代在变化，消费者对购物环境的要求也逐渐提高，即便是传统的农贸市场都在全面升级改造，我们门店环境必须也要积极改善，否则总有一天会被消费者抛弃。

刚才提到的个人经验、发现的问题，都是我在8小时以外到近一点的门店暗访中获得的。到了双休日，我还习惯开车去更远的地方看门店。比如有的门店离总部三四十公里远，所谓“天高皇帝远”，那些门店往往是我们连锁经营管理的“盲区”。这些偏远门店的经营情况怎样？作为一把手，你必须掌握第一手资料。我认为不管是员工还是领导，都要“8小时内求生存、8小时外图发展”，在别人搓麻将、打牌、看电视剧、玩手机、煲电话粥的时间里，坚持多学习、专注于丰富工作技巧，你的成长就一定比别人快。

学习是一种惯性，保持学习习惯，能让人形成一眼看穿问题本质的能力。针对一家陌生的企业，我看过其门店、物流中心，看过报表，再跟中层以上干部交流，了解下情况，大致就能判断出这家企业处在什么水平、在哪些地方存在没挖掘出来的收入潜力，或者是其成本控制方面还存在多少漏洞……通过如此“把脉”，力求提质增效，真正能使企业增加收入收益、提高企业利润，实现企业可持续发展。这也是为何如今我到古稀之年却仍在连锁零售行业被视为权威的关键原因。

【评析】

向“诗外”下功夫

宋朝大诗人陆游83岁时告诉儿子：“汝果欲学诗，功夫在诗外”。

什么意思呢?

陆游是说：要想写好诗，不能只在寻章摘句、技巧和形式上下功夫，关键在于经历、情感等“诗外”之处。

一个人的职业生涯、一个企业的成功经营也是同样的道理。叶耀庭十分善于利用好自己的闲暇时间。熟悉他的人都知道，他是典型的“空不下来”的人，当他锚定一个工作目标、一个奋斗方向后，会充分利用一切可支配的时间学习、暗访调研、做分析，然后调动一切资源去解决问题。

纵观优秀的企业家，几乎没人是因为看了多少书、上了多少课而成功的。他们知道，课程中的知识已经是过去式，而做企业是创造未来。想要真正成长，必须利用好空余时间，从更多的实践中寻求出路。

第五节

“做东总是来东的”

“只要付出坚持不懈的努力，就能取得丰硕成果。反之，你不付出，就永远没有回报。”

朱马生

问：您朋友评价您是一位非常尊重前辈的人，职场上是否有什么老前辈对您影响深远？

叶耀庭：朱马生老先生的教诲对我影响深刻。他教导我，只要坚持努力，就能取得成功。他有这句话“做东总是来东的”，成了我职业生涯的座右铭。

老前辈的忠告对我来说受益匪浅。我当时在供销社分社生产资料柜组工作，每隔几天要送提货单，每周要送报表。

我基本会在下午营业旺季结束后到镇上生产资料商店的仓库送提货单和报表，同时衔接一些化肥、农药采购计划。

朱马生是钱清供销社生产资料商店一个仓库的负责人。别看这位老先生职位不高，权力可非常大。当时我们一个区有10万亩土地，所有化肥、农药、农机具的机油、柴油等，都必须通过他这里进行调配。

这位朱老先生人品非常正。他抽烟，但从来不抽我们的烟。他常说："你们年轻员工工资还不高，到我这不用分烟，把心思放在做好工作上"。

有一次他见到我，用绍兴土语说"做东总是来东咯"，"小叶你都在我快下班时候才到，肯定是单位营业旺季结束后才出发过来的。不像其他人，同样是分社，家也在镇上，他们早早就来，甚至有的上午就来；小叶你工作比较细，你的报表精准，字迹也清楚，我基本上都找不出有差错的地方。"

或许他知道我平时爱写稿件，文字功底较好，所以他就特意用这句话勉励我。"做东总是来东咯"，意思是付出都是看得见的，总是有回报的，一个人只要坚持便能成功。这里举两个案例：一位是屠呦呦，她因从中医药中发现有效的抗疟药物青蒿素，系世界首次，2015年10月，她被授予诺贝尔生理学或医学奖，成为第一位获诺贝尔科学奖项的中国本土科学家。她有坚定的信念、创新的科研精神，锲而不舍、勤于思考、丰富知识、持续学习的态度与优秀的团队精神，所以即便在她85岁高龄的时候，也获得了无上殊荣，非常难得。

另一位是央视主持人白岩松。他曾做过央视联欢晚会、焦点访谈的主持人，也是一名记者、作家。白岩松毕业于中国传媒大学，1989年进入中央人民广播电台，1993年进入中央电视台。当时央视规定：作为新闻主持人，念错一个字就要扣500块钱，白岩松刚开始时一个月会被扣好几千块。为此他暗下决心，坚持锻炼自己的播报技能，久而久之，就成为央视的名嘴。在20世纪90年代，电视观众对他是非常崇拜的，直到今天，很多看过焦点访谈的观众对白岩松的主持记忆犹新。之所以举这两个案例，就是为了说明“锲而不舍，金石可镂”的道理，只要付出坚持不懈的努力，就能取得丰硕成果。反之，你不付出，就永远没有回报。

问：他是那种非常有分量的前辈，从他身上，您学到了什么？

叶耀庭：朱老先生职位不高权力大，但是他从没想过以权谋私，所以我对他非常敬重。我偶尔也会问他：要给你带些什么东西来？他都说不用麻烦。

我们单位钱清供销社是个省级先进企业，后来升格为国家二级企业。要知道在全国供销社系统里，基层供销社只有三家是国家二级企业，我们是其中之一。我觉得能获得这种荣誉，离不开单位文化氛围的影响。

朱马生老先生对自己要求非常严格，工作敬业，为人正派，从没有假公济私的想法，所以大家也喜欢同他打交道。他几次跟我说：小叶你不用有其他想法，把精力花在工作上，我这边肯定按规定办事，分配单到了，物资到了，我就会及时调配给你们，让你们第一时间能供应给农民兄弟们。朱马生老先生的教诲，为我后面正气做人打了一个很好的模板。

从老前辈的身上，我们可以学到一种专业的精神，他们以身作则，非常纯粹。同时，我也从老先生身上看到了老员工良好的素质，他们这种敬业精神使我敬佩，为我以后的工作树立了很好的榜样，进而为日后发展奠定了基础。

直到现在，我跟朱老先生的儿子、女婿都很熟。他女婿是公务员，也是我所在县的一名副局长，我们相处甚好，平时经常交流，工作上遇到事情也能互相帮助。老一辈的精神风貌代代相传，为我们树立了好榜样。

以身作则、廉洁奉公，不为自己考虑，只为工作考虑，这种作风非常值得我们学习和发扬光大。我觉得，作为一名商业工作者，就是要兢兢业业干好每一行。后来，我换过四个部门、担任四个部门的经理；还换过三个单位，担任一把手，都是踏踏实实，卓有成效，能管好手底下几千人，得到了上级组织和干部员工的一致好评，这份成绩追溯起来也有朱马生老前辈的功劳——他的忠告，为我日后的成功埋下了种子。

【评析】

“做东总是来东咯”也是一种“家风”

中国人不管有多忙，过年时总是想方设法要回家。在我们的意识里，家是最重要的概念。一个人出门打拼，他代表的不只是他个人，在一定程度上也代表着一个家族。

在企业里，也有类似的文化。

企业有企业的“家风”，企业的“家风”潜移默化地影响着每个企业成员的行为和思维习惯。对叶耀庭来说，“做东总是来东咯”是钱清供销社的企业“家风”，不论个体来自哪里，只要进入钱清供销社认真工作、学习，就一定会受到熏陶和影响。一个没有“家风”的企业就算能赚到钱，也未必能持久壮大，更不能为这个社会留下什么价值。叶耀庭很清楚这一点，所以他时刻睁着善于发现“家风”的眼睛，并珍惜这种“家风”的传递。因为这正是未来他能赋予他所创办企业的价值观和文化基因。

第六节

学会算柜组账

“我常说：有了好的领导，员工都不会犯错，好领导和好员工，是相互成就的。”

问：“您是如何学会算柜组账的？

叶耀庭：我的师傅叫阮文洪。

阮文洪

阮师傅是一位优秀的老工商业者，自20世纪50年代公私合营，他就到单位工作，是一位资深的前辈。我1978年7月25日参加工作，单位就安排我拜阮文洪为师，他担任我所在柜组的柜组长。阮师傅工作非常敬业，写得一手好字，算盘打起来也是又快又精准。我认为从师傅身上能学到很多好东西，所以我为能

许幼灿

拜到这样的师傅而开心、高兴。我记得师傅对待客户很热情，介绍商品很细心，耐心周到，给我留下深刻的印象。我一直认为，作为供销商业系统的一名员工，就应该像师傅那样，能不厌其烦地为消费者做好服务。

师傅给我最难忘的教诲就是：想当好柜组长，一定要先学会做算柜组账。

那时候我们钱清供销社的主办会计、财务科长叫许幼灿，是高级会计师——在那个高级别人才屈指可数的年代，像他这种人才全县供销社1万人也凑不出几个，后来他更是直接升任县供销社财务科长，统管全县供销系统财务管理，足以说明他的能力。许幼灿设计的各种报表很接地气，我们柜组要算利润考核，核算表得自己算（详见表1）。

销售的收入、商品的差价即毛利收入，可能还有代销手续费、外包装的出售等，这些收入都是柜组收入；柜组的支出包括人员工资、水电费、房租费、搬运费、零星购置、销售税金等。收入减掉支出，剩下来就是我们柜组利润。这张表说起来简单，但实际比较复杂，那时候好多人很难一下子学会。在师傅的辅导下，我试着算几遍，马上就会了。从那之后，柜组账便统一由我来做，而后由师傅审核。

不久后，师傅说：小叶你比较仔细，非常精准，以

表 1 绍兴县钱清供销社柜组经营核算表

部门　　　　　　　　柜组

收入栏		备注	支出栏		备注
销售收入		未税收入	房租费		
销售成本			人工支出		含社保支出
商品差价			水电费		
手续费收入		含代销、代购手续费	财务费用		含利息及手续费
废品回收			运输装卸费		
财政补贴			零星购置		
其他收入			固定资产折旧		
			低值消耗品摊销		
			差旅费		
			其他支出		
			合计费用		
合计综合毛利			利润额		综合毛利—合计费用

审核：　　　　　　　　制表：

后柜组账就全权交由你做吧。所以，我实际工作了三个月，柜组所有核算账表就由我来做了。其他诸如统计表、重点商品检测等表单相对来说就简单多了，统计做加法就可以。

你会做柜组账表，就意味着你学会了怎么扩大销售，怎么增加毛利收入，怎么增加营业收入，然后控制费用，最后争取更多的利润。我们那时基本是要跟柜组挂钩，能超利分成，完成目标奖金其实是拿得不多，可关键是超利部分即超过利润部分可以分成，于是我们员工收入和积极性就很高了。

问：所以其实“想当柜组长先学会做柜组账”这句话是非常有道理的。

叶耀庭：对，你要是把柜组账特别是核算表每个环节、每个数字都理解透了，以后做柜组长时对各个经营环节就都能自如把握。

自从我学会做柜组账以后，我们柜组就开始十分重视增收节支。后来其他年轻员工做柜组长可能青黄不接，我就给他们做辅导，帮他们理清思路，大家共同进步。

我后来也担任柜组长、副业辅导员，不久调到钱清镇上采购商店担任副经理、经理，我仍然和师傅保持很好的联系，喜欢到他那里讨教。除去业务问题，其他诸如处理人际关系、处理客户关系、商品管理等问题，师傅总能打开我的思路，教给我一些重要的经验。

师傅退休比较早。我进单位时，他已50多岁的年纪了，所以我工作十年后他就退休了。1999年7月，我调入绍兴市区工作，因师傅正住在市区，我就托人找到了他家。此后每个节日我都会到他那报到一下，把我工作中取得的成就和他分享，让他帮我点评、指出方向。师傅也很关心我，总能为我的实际经营提供不错的建议。

他曾提出企业一定要对员工好，只有对员工好，员工才会对顾客好，这样就形成一个良性循环。在实践中，我很好地吸收了师傅的教诲。我在2007年时就主持出台了“关心关爱员工三十条规定”——优秀企业有五十条规定，其中有些条件还不具备，所以只能做到“关心关爱员工三十条规定”——后来这个“规定”来也被县、市总工会列为典型示范在各企业进行推广。

问：所谓“一日为师终身为父”，看来您和您的师傅有着极为深厚的情谊。

叶耀庭：是的。后来师傅生病，我陪他到医院看病。因为年老体衰，师傅于80多岁过世。我与他家人一起操持遗体火化，再送山上，直至安葬好，总算是尽到徒弟的一份责任。

师傅的教诲，让我一生受益。在我后期的职业生涯中，每当遇到新问题，我也会情不自禁回忆师傅的话，有时候仍然能发挥作用。

问：从您的经历来看，如何解读班组的概念？怎样做好班组长？

叶耀庭：大家要知道，“班组”是一个企业的细胞。今天，连锁行业变化越来越快，但只要涉及团队合作，就一定会有“班组”的概念存在。它可以是一个门店，也可以是一个小分队，它是整个公司各项工作最终的落脚点。

在企业的组织架构中，有决策层即公司的高层；有中层领导如店长等；还有基层就是班组长，或者主管。从某种角度看，班组长是“兵头将尾”，是个十分重要的“官”。在做柜组长的时候，我深刻感受到这份工作所承载的重要意义。首先，它是最容易践行集体荣誉感的岗位，做好整个班组的工作，使班组团结一致，班组中不管是谁，都能实现集体成长。那时候我所在班组的成员都非常优秀，基本上都被带出来，个个都有当经理的本事。班组长要更加重视学习掌握各项操作的要领，要有优秀的组织协调能力。同时要关心、关爱员工，注重员工素质的培养和提升。此外，我认为关键还是要树立正确的人生观和苦乐观，能清楚工作永远是苦中有乐。所以说，班组长只有头脑清晰、思维敏捷、本领过硬，才能带好队伍。

此外，班组长还要讲究提升工作方式、方法，务求实效，因为所有的班组工作都讲究从实际出发。对手下不同员工的个性、脾气和能力要区别对待，懂得扬长避短、发挥他们的聪明才智。

我的体会是，想当好班组长，务必从严要求自己。做好吃苦在前、享受在后的准备。班组的团队氛围是很务实的，你想要求别人做到什么，首先你自己要做到，只有严格要求自己，别人才会佩服你，你才能影响人、感召人、激励人。比如上班做到早到、迟退，对班组长来说这是本分要求；生活上对员工要无微不至地关怀，与兄弟班组之间既要讲原则又要讲友情，要顾全大局，获得工作上相互支持。在评先进的时候，我通常会主动礼让，先把机会让给别人，久而久之，就会收获良好的竞争氛围。当班组长碰到利益问题时，切记个人利益要服从集体利益，局部利益要服从整体利益。

问：班组长承上启下，是连接业务端和管理层重要的节点，从这点看，会处理人际关系一定很重要。

叶耀庭：是的，我认为要从实际出发，处理好“三对关系”：第一是正确处理好与经理、副经理之间的关系。班组长必须尊重上级，在思想上保持一致，主动维护上级，在行动上尽心尽责，积极沟通，使上级意图和自己想法保持一致。要正确对待上司的批评。在我的职业生涯中，我感觉消费者的投诉是“宝贝”，善意的批评也是“宝贝”。方法上要虚心接受，有则改之，无则加勉，做好本职工作，时不时地换位思考。上司提出批评是上司的职责所在，他的出发点是好的，批评不等于要换掉你的工作，批评的目的是希望你不要再犯同样的错误，其初衷是陪伴你进步。

第二是处理好同级的横向关系。同级同事、部门间要相互尊重，相互理解，要多沟通，努力了解对方意图，做到权利不争、责任不让、有功不居、有过不推，顾全大局，善于打大仗，做到分工不分家。

第三是班组长还要处理好同下属的关系，努力做到八个字："了解、关心、支持、激励"。在服务上做到热情接待、诚恳待人；在决策上民主而不独断，少用命令法、多用商量法，主张平等且不摆架子，无私、不分远近亲疏，做到爱护和不袒护，一律负责。我常说：有了好的领导，员工都不会犯错，好领导和好员工，是相互成就的。

【评析】

连锁经营也要讲“工匠精神”

“师徒制”是我国工匠精神传承的重要途径和方法。曾几何时，“师徒制”适用于各行各业。

在叶耀庭身上，我们一方面可以看到，以阮师傅为代表的老供销社人潜移默化地培养徒弟们作风严谨、一丝不苟、精益求精的素养；另一方面，作为徒弟的新供销社人也能为单位不断注入新鲜的血液，适应时代发展。双方相辅相成，共同推动单位不断前进。在现代企业管理中，在某些领域的重要岗位适度引入“师徒制”，并发展出符合时代特征的师徒关系，对连锁经营来说也不失为一种良策。

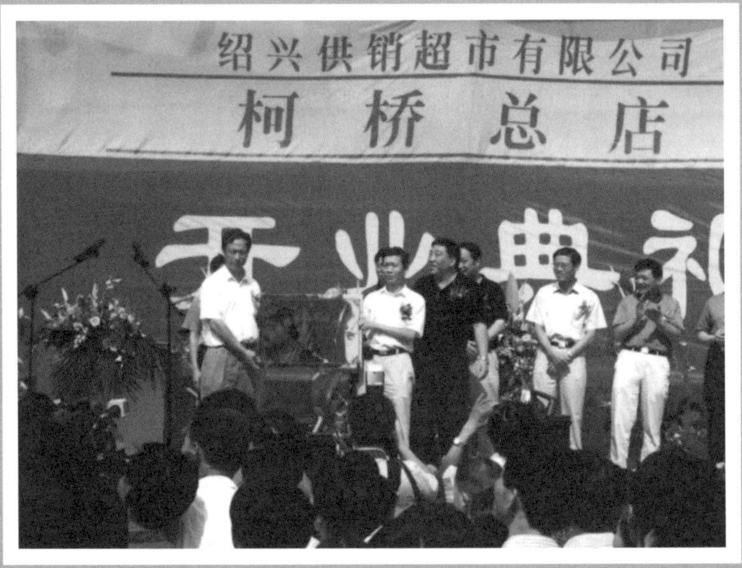

供销超市柯桥总店开业典礼

第三章

／

为成为领导做好准备

关于领导力，埃隆·马斯克（Elon Musk）曾这样表述过："我认为，如果你要带领一群人去他们以前没有去过的地方，你必须能够激发他们对那个地方的渴望。"

从被管理到管理他人，成为领导不仅仅是身份的转变，更是职业生涯的升华和飞跃。连锁人在这个过程中应该注意什么？应该制定怎样的目标？叶耀庭有着明确的答案。他认为，成长的机会并不是别人给的，而是自己争取的。认清自己的优势，能够用一技之长赢得同事和领导的关注和认可，是晋升领导之路的开端；而懂得坚持自己的原则，面对困难、误解和不公时会挺身而出、勇于争辩，捍卫自己的观点和团队利益，不仅能够赢得应有的尊重，更能赢得同事的信任和追随。

对于这些"领导潜质"的养成，叶耀庭认为绝不是照着教科书按部就班就能做到的，其考验更多的，是在面对复杂的职业生涯境遇时个人能做出的反应和判断，需要不断地打磨自己的智慧、定力和眼光。

第七节

尽力发挥自己专长

“我们年轻人往往觉得领导不给机会，可机遇其实是每时每刻都存在的，问题是你有没有主动去拥抱它？有没有主动去发现它？发现了机遇，是否主动去申请它？”

问：青年的生活总是多姿多彩，青年人步入职业生涯难免会有不适应。您年轻时是否对新事物感兴趣？有没有什么爱好？

叶耀庭：我年轻时热衷于公益活动，无论是学校的、企业的还是乡镇的，我都愿意投入时间。

客观来说，我的业余生活不如其他同龄人那么丰富。当其他人出去玩，如爬山、吃烧烤、运动时，我满脑子想的是怎么充实自己，多学些技术，那样的话就会成长快一点。

我高中阶段爱好文学，文字功底好，也写写黑板报。

学校、班级专门有黑板报写作小组，我是小组里的积极分子。每期黑板报我都积极参加，且尽量多花时间和精力在这上面，这一点是被其他同学所公认的。黑板报每周出一期，内容是校园文化，既要写材料，又要设计版面，还要用粉笔画出来。采用有限的白粉笔、彩粉笔，配上图画、图表，极尽所能让学生们喜欢看，达到活跃校园生活的目的，也算得上一门知识和技术。

在校期间，音乐老师每次上课前需要把一些要学的音乐、歌曲用蜡纸刻出来，再用手动油印机印刷出来发给同学。偶然间老师发现我写得一手好字，字体端正，于是要我帮忙刻蜡纸。她事先把模板给我，我在课间刻字。在那个没有电脑的时代，刻蜡纸是一门技术活。首先我要把歌曲、音乐音符先自学一遍；其次，因为是老师布置的工作，我有了疑问就提前跟老师请教，相当于比其他同学，我有了更多学习的机会。久而久之，我学到了比普通学生更多的音乐知识，培养了音乐素养。直到今天，好多人说我有音乐细胞，他们不知道实际上这些音乐细胞是当初学校音乐老师给我的，更想不到其起因是要我刻蜡纸。

问：也就是说，好多老师交给您的事情，最终都成了您的专长？您当初是否意识到，这些专长以后会有用武之地？

叶耀庭：起初没有这种意识，好多影响是潜移默化的，但那些特长确实在我职业生涯中发挥了重要作用，这些经历不仅锻炼了我的能力，也让我获得了更多的机会和认可。

我参加单位工作后，在文艺方面一直是一名积极分子，比如单位唱卡拉OK，我常是一名参与者，更多时候还是一名主导者。再者，刻蜡纸技术也为我的职场之路大开绿灯。我最初在钱清供销社南钱清分社工作时，单位就在南钱清乡政府旁边。乡政府得知供销社有个小伙子文化程度较高，乡公社文书就来找我。文书姓沈，叫沈鉴方（后来他当上乡公社副主任，一直是在乡镇干部岗位干到退休），他布置给我一些刻蜡纸的任务，要求两天完成的工作，我差不多一天不到就可以交差。他很高兴，说：你蜡纸刻好了能否再帮我印刷？我说可以，就一起印好了材料。几次下来，沈主任说：乡里正需要你这样的人才，要不要到乡政府工作？我没表态。

20世纪80年代从供销社调到乡政府工作是很容易的，并没有后来大家报考公务员时“千军万马过独木桥”般竞争激烈的状况，公务员收入也相对较高。可对于那时候的我来说，还是喜欢待在供销社里学点经商知识，不断积累经验。另一方面，更重要的原因是我既然踏进了供销社的大门，那就一定要在这个岗位踏踏实实做好本职工作，一定要在这个行业做出成绩。所以我回复说：谢谢沈主任的好意，如果乡里有什么用得到我的地方，我随时可以帮忙，哪怕工作再忙，我也会抽出时间完成任务。于是乡政府开人民代表大会、运动会等重要时刻，都会跟我们领导打招呼，借调我去帮几天忙。钱清中学开运动会时，我还连续多届担任终点记录员。虽说我牺牲了自己的时间多做了些工作，可这些事情最终会为我的人生添光增彩。

问：是否有人评价您的运气很好？或许并不是每个年轻人都像您那样有很好的机遇？

叶耀庭：我们年轻人往往觉得领导不给机会，其实机遇是每时每刻都存在的，问题是你有没有主动去拥抱？有没有主动去发现？发现了机遇，又是否主动去申请？所以我才说要尽力发挥自己的特长，让领导关注到你，没有机会主动创造机会，你的成长就会比别人快。

比如说当年我做营业员，还没有成为通讯员时，我就坚信自己有文字功底，利用我的文字特长，毛遂自荐，给县供销社、县报社、县广播电视台解决稿件的需求，把我们单位为农业服务、企业生产资料物资储备，以及怎样帮农民增收等内容写成文章，向上传递。类似好多的机会并不像单位考核或学校考试那样中规中矩公开让人争取的，而是你凭空创造的。

利用一些业余时间，利用一些工作闲暇，花一点力气，坚持下去，你的付出会得到有关领导的好评，他们不仅能尽早地认可你，你自己更是学到了本事。

问：可事实当中，并不是所有机遇每个人都能抓住。

叶耀庭：对，专长是你获得机遇的敲门砖，但能不能抓住、是不是一定要抓住，本质还是考验个人能力。

1984年，我写报道已经出了名。县供销社人事政工科副科长也姓叶，她跟我说："小叶，我看你文章写得比较好，愿不愿意到县供销社来工作？我们县供销社就需要你这样的人才。"

要知道，作为供销社基层分社的普通员工，能直接到县供销社工作，简直是无上光荣，也是很多人梦寐以求的。

可是我跟叶主任说："谢谢你的好意，谢谢你对我的关心，我有自己的想法——我喜欢一步一个脚印，在工作中成长。我要留在基层，因为基层能接触到更多具体事物，能学到实用的经商技能。就算我到县供销社来，那一定是通过做出实实在在的成绩，一步步提升，工作能力被大家认可后再到县供销社工作的。"为缓解氛围，我还开玩笑说：县供销社人才济济，论资排辈，要我到县供销社干拎包的活，我肯定不干。

一般情况下，县供销社科员都先努力升到副股级、正股级，想升到副主任已经是难上加难、屈指可数，副主任基本上都是从基层领导岗位调上去的。因为当你工作经验比较匮乏的时候，就算你到上面去，很多事情也无法解决。只有经验丰富的资深人士，才会被领导赋予更多提拔的机会。

事实上，20年后我的这番话成为现实。2003年4月，我被中共绍兴县委任命为县供销社党委委员、副主任。副主任是领导岗，县供销社也给我设了办公室，也算是实现了当初自己的设想和愿望。

问：在职场上，重大的机遇和选择往往会决定年轻人的未来，选对了一飞冲天，选错了懊恼不已。对此，您有什么建议？您曾经在面临这样的选择时，是怎样明确自己心意的？

叶耀庭：要沉下心来，不要因为一时的自满而迷失自己，时刻要衡量有没有学到真本事的空间。

1985年，我曾面临过一次可能影响我人生走向的机遇。那时候，杭州罐头食品厂供销科有一位女科长叫谢颂青，主要负责和我们交接鲜蘑菇。每次收购活动结束，大概需要5辆车子来运输蘑菇，可能有几万斤，我不放心，晚上下班时往往就会跟最后一班车到杭州罐头食品厂，和验收人员交流，诸如怎样交接最快、验收等级方面的问题等。几次下来，谢科长就留意到了我。

一天晚上十一点半，我突然接到我单位驻杭州罐头食品厂员工的电话，他说今天送来的蘑菇，虫比较多，要抓紧处理，你能否来？我说十一点钟哪里去找车来呢？

说归说，挂了电话我先后辗转到供销社业务科长家和分管领导严副主任的家里汇报。严副主任当机立断，马上穿好衣服召集驾驶员跟我一起去罐头厂，连夜把带虫的蘑菇都挑了出来。我们大概工作了两个小时后，食品厂谢科长就到了现场。她说已经凌晨了你们还在工作，这种敬业精神让我们深受感动。我们双方重审了标准，也希望我们早点回去休息。

经过多次接触，有一天，谢科长将我叫到她办公室。她说我这里鲜蘑菇验收缺一个专业人士，你能不能调到杭州罐头厂工作？包括你夫人也可以一起调来，以后就落户在杭州好了，还可以学到更多知识。

那时候能在杭州落户发展固然很好，但我扪心自问，感觉自己“翅膀还没有长齐”。基层工作虽然苦，但能学到真本事。所以，最终我婉言谢绝了谢科长的邀请。若干年后，我得知国营杭州罐头食品厂被娃哈哈集团并购，还曾特意跑到杭州几次找她，可惜一直没找到。

问：看来有不少领导想调您去工作，其中是否有您真正动心的机会呢？

叶耀庭：想将我调任的事情发生了很多次。我在采购商店当副经理时，蚕茧、黄红麻这两个单品数量在县里达到第一。县土特产公司王惠成总经理挺喜欢我。他几次在县供销社看到我，希望我去他公司。后来我被提为县华清公司总经理助理时，他又再度与我提起，要我接他的班。讲实话，我当时认为土特产业务对身体健康不是太好。就算是我们收购黄红麻、蚕茧都有额外的糖票补贴（那时候所有物资都要凭票购买），糖水喝下去目的就是帮助排毒，所以我婉拒了这份工作。即便如此，王总知道我的能力和实力，说只要我同意，他随时会向供销社提出请求。

同一时期，县再生资源公司总经理王振祥，也非常认可我的工作。那时候再生资源物资回收正是我的强项，如废纸板、废钢铁回收量、收购金额均是全县第一，经济效益也最好。有些产品收购后会送到再生资源公司，某些单品如废纸板、废钢铁量比较大时，我们就直接销售给厂方获得更高的利润。

所以，王振祥老总就非常看重我，几次对我说：小叶，你到我们公司先做一年中层经理，一年后我申请提拔你为副总经理，还可以帮助你解决家属工作、住房等问题。对此，我也非常感激。

巧的是那段日子我也有些想换岗位的心思。因为那时候正值我这个副经理和经理产生了一些矛盾。事实上也并不是不可调和的矛盾——出于某些方面的原因，经理心思无法集中在工作上，我觉得工作环境不好，以至于有一次我们两个人还吵了架。事后我觉得这样糟糕的氛围我肯定待不下去，所以遇到县再生资源公司王总抛来的橄榄枝，我的确有些动摇。王总为人比较客观，也与我实话实说。他说县供销社由他负责协调，但是钱清供销社方面得要你自己负责沟通。因为钱清供销社是国家二级企业，在各基层供销社中经济效益好，也是一家全面发展的好企业。他说如果钱清供销社不同意，那他一点办法也没有。

于是，大约1987年底，我就向供销社主任、书记去汇报。我说我想调到县再生资源公司工作，希望领导能放我。当时主任、书记异口同声说：你这个人我们绝对不放。但是你也放心，你这个人我们肯定要重用。由于领导不肯放，那我也没办法，只能谢谢王总好意，彼此也成了好朋友。

问：所谓功夫不负有心人，金子到哪都会闪光。

叶耀庭：尽力发挥自己的特长，尽可能地让各界领导提前认识你，了解你，认可你，未来的选择面自然就会开阔很多。1998年3月，县供销社要提拔我担任一把手。时任县供销社孙黎明主任对我还不是特别了解，她找我谈话说："小叶，为什么有这么多主任、老总都来帮你推荐？为什么他们一致希望你能去接班完成他们没完成的工作？"

对此，我是这样回答的："一方面我喜欢帮助人，领导有需求的时候，我能够帮到他们；另一方面，我在基层经营的某些单品表现全县最好，收购运行表现比较好，所以他们看好我。"孙主任评价说：再不重用你，实在说不过去。

后来我才知道，我是孙主任在供销社工作期间提拔的最后一个干部。

【评析】

愿望是种子 习惯是土壤 向上是阳光

大家都知道，这世界上并不存在“永动机”这种东西。但是从叶耀庭的经历来看，他似乎很早就找到了自己梦想的“永动机”。

对此，叶耀庭是这样解释的：“当你很想要完成一件事情时，你就在心中种下了一颗愿望的种子，如果你养成了很好的习惯，就会给这颗种子不断供应水分和营养；如果你一直保持着积极向上的状态，等于又在给它施加阳光。坚持下去，愿望就一定会发芽。”

是的，每个人都有自己的愿望，但能让愿望生根发芽的人却屈指可数。当你的愿望足够强大时，你会使出浑身解数来完成它，你会解决一个又一个的难题，发展出一个又一个的专长。叶耀庭说要尽力发挥自己的专长，因为这个过程能给你提供源源不断的自信心，进而不断给你制造快乐，这就是梦想“永动机”的秘密。

第八节

坚持真理、据理力争

“面对误解或歪曲，沉默不是金。勇于为自己的观点辩护，是保护自己身心健康的必要之举。”

问：在漫长的职场生涯中，有的人会因为迫于压力而牺牲正当利益，对此您有什么建议？

叶耀庭：我的个人建议是如果你觉得正确，那就要敢于据理力争。这也是我的个性所在。我相信每个人都有分辨是非的能力，或者基础的正义感，当你觉得一件事情有值得坚持的价值，就可以据理力争。

有句俗话说：最好的防守就是进攻！如果一位领导在仅仅偏听一方诉说后，就对另一方随意发表意见，甚至进行批评，那肯定是有问题的。换成下属，选择沉默还是坚持己见

好呢？我认为首先尊重领导是必须的，但在尊重的前提下一定要敢于把情况说清楚，恰到好处地把问题说明白。

我记得在1983年，我是钱清供销社的团支部委员，同时也是我们分社团小组长。那时候所有商品要从城里用船或车运下来，我们要请搬运工来搬运。搬运工不是专门为我们一家单位服务，所以时常衔接不上，出现船在等着，搬运工还没到位的情况。20世纪80年代初一般搬运成本要5元一吨，这样一来，我们的费用支出就省不下来。出于工作职责所在，我曾多次思考怎样能减少经营成本费用，还专门向领导提建议。我们年轻人比较多，平时也有时间，可谓有力使不上，为什么不适当地顶替搬运工呢？可领导也有他的考量——他怕万一员工搬运时出了工伤事故怎么办？

所以我就大胆地给钱清供销社领导写了封建议信。大致内容是我们可以在营业淡季和空余时间号召开展自行搬运活动，各企业可以发动年轻员工自行搬运，一来可以提高工作效率；二来有利于形成积极向上的工作氛围；三来能为企业节省费用；四来还能调动员工积极性。我算了笔账：请搬运工是5元一吨，那我们自行搬运是2元一吨，相当于为企业减少了60%的搬运费用。而这2元一吨的费用，可以作为年轻人团支部、团小组搞活动的活动经费，一举两得——团支部搞活动所需经费不用供销社分拨，我们自己通过劳动就能解决。有了经费，就可以组织开展力所能及的文艺活动、户外活动，以及野餐等所需物资采购，我认为这绝对是一件好事。

我的想法也得到了领导的充分肯定，钱清供销社马上发了一个文件，号召各单位年轻员工开展自行搬运，还包括自己修理工具，比如说一个电插座坏了，自己买一个换下就可以，没必要再请电工；一个凳子歪了，我们自己修理一下……这很快形成了处处省开支的良好风气。文件下发后，大家也积极响应，毕竟那个年代大家都想着踏实做事。我既是单位年轻人的头儿，又是这项运动的倡导者，更是小心翼翼，特别关注安全，所幸没出过什么大事故。

年底时候，评先进工作者、优秀共产党员、优秀共青团员、工会积极分子、优秀员工等尘埃落定，就剩下表彰兑现。可麻烦的是领导不小心把这件事情给忘了，所以我又写信给供销社领导，我说：领导们，你们年初发了某号文件关于开展自行搬运的规定，承诺对员工作适当的奖励，奖励作为团员青年活动经费。现在各单位都已经记下来了，我算一下大概有500多元。在20世纪80年代，500多元不算小数目。要知道那时候我们一个月工资还不到30元，500多元相当于一个人一年的工资收入。有了这笔钱，我们开展活动可就容易多了。

信是提交上去了，领导班子也专门进行了讨论。几年后有人和我说：讨论现场绝大部分人说“这小子太自不量力，居然敢给我们提意见”。现场要是投票的话，肯定把我的建议否决，给我“坐冷板凳”了。庆幸的是，当年我们的朱柏荣书记非常支持我，他说：明明是我们把事情忘了、漏了，小叶名义上在“提建议”，实际上已经是在维护我们领导班子的威信和面子了，我看这个人是个好苗子。书记一句话定下调子，那笔钱由各单位申报上去，很快就批下来了。

问：一味地据理力争，难免容易“得罪人”，对此您怎么看？

叶耀庭：在商业组织当中，“得罪人”不算什么，只要你的初心是“做对事”就对了。

之前我已经说过“夜间出车挑虫菇”的事儿，这其中就有一次我和别人发生的冲突。大概在1985年10月，我担任钱清供销社采购商店副经理，家里也刚装上电话。某天晚上十一点半，我突然接到杭州罐头食品厂电话，要求我们迅速赶去“救场”。那时候我店里没车，仅供销社有一辆客货两用车（这辆工具车专为各单位公务所用，我们平日工作也在使用）我就火急火燎地先跑到业务科长家，业务科长老傅半夜被敲门声吵醒，开门后睡眼惺忪，一脸不开心。他问我：你是谁？我说我是采购商店叶耀庭。他说这么晚了，人家睡觉，你有什么事？我说老傅不好意思，杭州罐头食品厂打电话来要我们赶去救场，希望商务车配合我去一趟杭州。

虽然我和他不是很熟，但平日里我对他是蛮敬重的。我本以为，我大半夜因为工作上的急事来请求，他大可手臂一挥通知单位驾驶员跟我一起去，可万没想到他对我说：晚上不出车，得保证司机睡眠，你回去自己另外想办法！

我一听，皱起了眉头。眼前碰了壁，但为了工作，我压下自己的情绪，突然想到可以到业务分管副主任家去碰碰运气。我敲响严爱宝副主任的家门，他一听是单位急事，说：好！你稍等，我洗把脸跟你一起去！当下就把驾驶员叫起来，我们三个人连夜跑到杭州罐头食品厂挑了两三个钟头的虫菇。经杭州罐头食品厂供销科谢松青科长通融、沟通之后，我们差不多凌晨四点半才回到家。

因为这件事，我第二天上班后就跑到老傅办公室，与他当面争论对与错。

老傅很生气，说：“你这个小鬼怎么这么没礼貌？”

我对他说：“我对你一向很尊重、很有礼貌，但是昨晚这件事情你是真的说不过去！假如我是因为私人用车来找你，毫无疑问我理亏；我昨晚可是为了工作来求你用车，作为资深业务科长，你要知道我们这事儿如果处理不好，那可能损失就上万元（那时候一个门店全年利润也就只有几万元，上万元已经算得上是重大损失），那种情况下，我们单位派不派人去处理，结果是完全不一样的……就你这种态度，一定要到主任那里去评评理。”

也许那天我嗓门有点大，喉咙很响，我们主任闻声就赶来了。他把我叫到一边，说：“昨晚老傅的态度确实是不对的，我会严肃批评他；但这件事已经过去，你也不要太较真，有句话叫作‘得理且饶人’”。

听主任这么一说，我的气立马就消了。我心平气和地说：“我听主任的，算了，但我的确是为了工作，老傅的态度我是不服的。”

过了几天我又碰到了老傅。他很诚恳地向我道歉。他说那几天身体不大好，我十一点半敲门的时候，他刚迷迷糊糊地睡着，所以态度不好，表示歉意。实际上也情有可原。后来我才得知，当晚他被叫醒时脑子一片模糊，压根都没听清我在说什么事情。他说：“实在对不起，并不是针对你，如果听清楚是这样紧急的事情，我肯定要支持你。”

我说没事，咱们讲清楚了就好。我们化干戈为玉帛，关系很快和好如初。

问：您有没有遇到被领导误解，或者甚至被其他人恶意对待的时候？您是如何处理的？

叶耀庭：有件事情让我记忆犹新。在我当总经理助理期间，有一次总经理出差。他在半路给我打了个电话，说：在我出去的这两天，公司的事你多操点心。我说应该的，你放心去吧。

结果就出事了。医药批发部有一辆安徽的货车，是专门装医用盐水的。那天下午，司机把车子停在马路中间，没有完全靠边，道路左边留出的空间可以让小车通行，货车却过不去。这时候我们镇周边一个叫清风村的村办企业，开过来一辆企业货车，他们按了喇叭，希望驾驶员稍微挪动一下车，好让他们先过。可没想到我们车上当时一位员工比较固执，他认为我们在卸货，等卸完货了再挪车，要对方等一下。

要知道那可是公共道路，按照规矩我方货车其实应该要让道的。两边人马一言不合，清风村的人下车就把我们安徽这辆货车的反光镜拿走了。我们员工不服，跳下来也把对方反光镜拿走了。对方更生气了，直接拔走了我们运盐水大货车的汽车钥匙。驾驶员气急败坏，双方就要开始动手。对方人员从车里取来棍子，就要打我们员工。我们员工逃到仓库里躲了起来，一时间剑拔弩张。

很快有员工打电话给我们保卫科干部，说不行了出事了。那天我刚好跟保卫科干部在一起，马上就往事发地赶。路上我打电话给派出所、城管队，我说出人命了，你们抓紧派人过来。他们一到现场，马上把打人的人制服住，把双方当事人带到城管中队办公室质问。一问双方，便知道了是怎么一回事。城管中队长问我：叶总你看这件事怎么办？

我想了想，因为这件事起因在于我们车辆不让路，最初责任实际在我们。当然，对方打人更是错的。从结果看其实也没什么，因为我们员工躲得快，没被打到，只是吓一跳。所以我认为双方“各打二十大板”，自己把人领回去。我们司机一再请求我：叶总我这车子开出去，万一他们路上把我堵住怎么办？你要送我到国道上我才放心。我回答说：你放心，我等会儿陪你到国道上，你车开走了我才走。

全过程我们保卫干部一道去处理，可以见证。可是没想到的是，第三天老总回来后，我们员工及他母亲就跑到老总那告状，说吃亏了，认为我们的处理没有维护员工利益，而且还带了一张900元的医药费发票。有没有发生医药费？我们那天都很清楚，明摆着他是有意的。可是我们火暴性子的老总听了以后勃然大怒，不问青红皂白在班子会议上狠狠批评了我们。

在会上，我没有吭声。我觉得身正不怕影子斜，我坚信这个处理是合理的，连城管中队也偏向我们，其实我们老总也是听了一面之词才发火。老总说900元医药费要到镇政府去报销，我说这件事我去办。

第三天上午，我看他心情还不错，就进了他办公室。我和他说了整件事情的来龙去脉，说明白了派出所、城管中队他们也是维护我们的。我和他分析：如果说从镇政府层面来说，清风村相当于镇政府的“亲儿子”，我们公司相当于镇政府的“侄儿”，虽然关系也好，但总归不如儿子亲；况且起因是我们错在先，如果一定要追究对方责任，整件事情就解决不了。所以我认为事情的处理是合情合理的，城管中队、派出所也充分为我们考虑，属于紧急事情紧急处理，避免了事情闹大，避免了惊动清风村委，不然对方肯定要揪着我们员工不放。综合起来，我认为在维护员工利益、维护公司利益方面我做到了问心无愧，并无不妥。

我们老总恍然大悟，说这件事我错怪你们了。我当即说：我也理解你，毕竟员工投诉了。最后，我提出这个

900元医药费的事情，既然员工去看了病，那就由公司给他报销算了，我签字你批准，不要拿到镇里去让镇领导为难。否则，镇领导也要找清风村问事由，他们也会报上来说我们的不是，冤冤相报何时了？

老总听了说：“哎哟，这件事我情况了解得不够清楚，我向你道歉。”我说道歉不用，出了事情，我肯定要站出来维护公司利益。

综上所述，面对误解或歪曲，沉默不是金。勇于为自己的观点辩护，是保护自己身心健康的必要之举。

此外，老总也不知道究竟是不是你的错，只有将事情说明白，老总才会留下印象。至少下次发生类似的事时，老总在批评之前会先作全面了解。所以实际上所谓“进攻是最好的防守”，其实是非常有道理的。

【评析】

现代职场要不得“老好人”

职场上经常会看到一种“老好人”：“算了，算了，我多做一点”“算了，算了，不跟你一般见识”……叶耀庭坚决抵制这种“老好人思维”，他认为，习惯做“老好人”，貌似人畜无害，其实是没有原则。一个团队要是被这种思维绑架，轻则碌碌无为毫无成就，重则委曲求全，牺牲内部利益。

一个人的生命是有限的。当你把时间、精力都用于“对别人好”了，你的生命就会被别人消耗掉，哪还有什么时间精力创造价值？想要专注自己的事业，必须摒弃“老好人思维”，坚持自己的原则，和观念不合的人、事划清界限，反而更有利于梦想的实现。

第九节

干一行爱一行 还要干好一行

“任何行业都有好有坏，你可以爱一个行业，也可以恨一个行业，这不重要，重要的是你要能在这个行业中干出你的口碑、树起你的品牌。”

问：您在供销社期间的工作经历十分丰富，不管在哪个单位和岗位，几乎都获得好评，其秘诀是什么？

叶耀庭：不论在什么部门、什么单位，我对自己的要求是一定要敬业，要真正做到“干一行爱一行”。

早年我在农村分社工作，直接接触农民，空余时间我喜欢到乡村、到山上去转一转，亲近大自然，到水果园去体验，了解真知，是不错的过程。当时我在分社采购柜组，在1984年以前，柜组年利润已将近3万元人民币，经济效益至少在前三位。20世纪80年代的3万元已是普通人

难以想象的巨款了，那是我们用各方面点点滴滴的成熟管理换来的成绩。

前文说到，我在蘑菇收购方面得到杭州罐头食品厂供销科长谢松青的充分肯定。后来调采购商店担任副经理后，我们黄红麻、蚕茧的收购量位列全县第一。由于钱清供销社所在地跟杭州萧山区接壤，好多黄红麻、蚕茧都从萧山过来。我们价格会稍微高一点，因为我们很早就进入市场经济的轨道了。

我记得1988年，我已经担任采购商店经理，那一年全国爆发了“蚕茧大战”——每个地方都提高价格争抢收购，我们也适度提高了一些价格，吸引了大批萧山区经纪人及茧农，他们宁愿多走些路，也要把蚕茧送到我们这收购。

那时候春茧收购场景可谓壮观，我们商店所有空地上全堆满了蚕茧。蚕茧是鲜活的，它里面的蚕蛹是活着的，一旦蚕蛹爬出来把茧丝咬断，这个蚕茧价值就只剩1/5了，就成了普通产品；而如果茧子没有被咬断，那这根茧子的丝有两三公里长，将它缫丝，缫出来后，就可以制作高端的丝绸产品。

我们主任很劳心。他说茧子都堆在场地上，万一咬出来怎么办？我说主任不会，我们茧灶连续24小时运转，在那里烘干。我们分两步来烘：第一步把蚕蛹烘死，把茧子烘到半干，蚕蛹就不会咬出来了；第二步我们再给烘到全干。我陪主任去看茧灶，确实24小时连轴转，而且速度很快。主任就放心了。

我们将一部分茧子交给县土特产公司，他也有上交指标；其他部分我们卖给当时的杭州市萧山县的企业，而且先打钱后交货，如此业绩让我们商店硬是赚了一票，一下子让商店利润得到大幅度提升——1987年我们只有不到一万元的利润，可1988年我们就达到了10万元的利润。年终评先进单位时，大家推荐我们评先进，尽管被我以资格不够的理由婉拒了，但这起码证明，只要工作做到位，就能创造奇迹，赢得好评！

同时，我们采购商店废钢铁、废纸板的回收量很大，也是直接到厂家收购。我们比日常小贩的收购价格会高一点，工厂对我们也比较放心。我们在工厂整理好废钢、废纸，让需要的下游单位直接来载货，所以工厂收入也增加了。我们收进毛坯，回到门店再分拣——铁块有铁块的价格，铁沫子有铁沫子的价格，都不一样的。通过分拣销售，我们的毛利大大提升，经济效益也往上增。再生资源公司老总、土特产公司老总等纷纷评价我们商店在全县十多家商店中名列前茅。

实话实说，任何行业都有好有坏，你可以爱一个行业，也可以恨一个行业，这不重要，重要的是你要能在这个行业中干出你的口碑、树起你的品牌。

问：打口碑并不是一件轻松的事儿，尤其在一些基础差的环境下，有没有在不被看好的环境下闯出一番天地的案例？

叶耀庭：1990年，我们钱清供销社购买了一个镇政府大院。

我们镇以前老街在前街，随着城镇化改造，老街逐渐没落。我们在老街有家百货商店，可经营状况一直不太好，在整个供销社30多家核算单位中倒数第三。究其原因，主要是这家商店经理的思维比较封闭，为了求变，将落后商店做改造升级的同时，把镇政府大院与百货商店前后打通，因为镇政府大院前门是镇政府，后门就是我们的百货商店。如此一来，百货商店就搬迁到后街来了。后街人流比较集中，属于闹市、比较旺的街。当时主任就问我：前后打通后，新商场跟老商场就相互贯通了，你想不想、愿不愿意、有没有这样的决心到这样一家商店来当经理？

因为效益差，员工收入比较低。当时他们经理的收入连我当采购商店经理收入的一半还不到，这家商店里的员工都要想方设法托关系调出去。可我这个人天生就喜欢“啃硬骨头”——假如你给我一家位列前三名的门店，我觉得差些挑战性；可你给我的是一家倒数第三的门店，那我自有办法把它做好，有信心树立一个新品牌。所以我就一口应承下来。

主任不放心，问我：“你想好了，你调到那里去，收入可能会降低。”我说没事，就算收入有影响，但是我能有成长的机会，能积累更多的工作经验。看到我坚定要去，主任很高兴，他在职工代表大会上对我进行表扬，说：叶耀庭能“放弃米箩进入了糠箩”，服从安排，非常值得大家学习。

事实上，当经理之后，我平时积累的好想法、好办法都有机会落地。所以到百货商店后，我先开会。我动员大家说：我们是有条件、有机会打好翻身仗的，一定要把这个翻身仗打漂亮！

我在经营上面做了灵活的调整，引进适销的商品来供应市场，加上前后贯通带来的人流导入，销售一下子上去了，利润翻了好几番。通过我和团队一年的努力，的确是打了个漂亮的翻身仗，销售利润排名从原本倒数第三名上升到第十一名，成效显著。

所以说，如果你到了一个新的单位、新的环境，条件有好有坏，千万不要怨天尤人，换个角度看问题，也许对你来说是一个很好的成长机会。通过这次调动，我进一步打响了个人品牌，使领导们更加关注信任我。

问：这真是一段精彩的事迹，后来是如何影响您的职业走向的？

叶耀庭：1993年，我们钱清供销社建造了一座华清大厦。

华清大厦是一个综合性大厦，一楼到三楼是营业商场，四楼办公，五楼至七楼是仓库，商场面积有4000平方米。我们百货商店作为经营主体整体搬迁到大厦里，成了百货商场。大厦有着现代化设施，如自动扶梯、电梯，楼上是我们办公场地。搬进去以后，我们申办了金银首饰经营许可证，可以销售黄金首饰，各方面安排比较妥当。我们商场开业后就一炮打响，销售业绩数一数二，我记得利润有40多万元，为进一步经营打下了坚实的基础。

由于有百货商场的经营业绩，再加上我本是百货商场经理、供销社团支部书记，所以跟领导接触的机会比较多。1993年商场开业不久，供销社内部流传一些讯息，说乡镇一级供销社资产连人员要下放给乡镇政府。为此，县供销社捷足先登，把钱清供销社70%的资产划出来成立了绍兴县华清公司。

华清公司单独成立后，我跟已经升任县供销社副主任的老主任说，希望到钱清供销社工作，继续深耕农村。我们主任说：你要到华清公司工作，在那里你要发挥你的重要作用。

快到年底时，县供销社正式提拔我为华清公司总经理助理、党总支委员，真正以高管身份进入了公司领导班子行列。

担任总助以后，我会同总经理购买了当地镇里的自来水厂。

这个自来水厂位于集镇边，因原水厂规模不够，要异地重建。当时镇政府没钱，所以想把自来水厂以100万元的价格卖给我们公司。有人不清楚背后真相，不同版本的流言就在坊间慢慢传开了。

县供销社（简称“县社”）领导听到些不实消息，来质问我们：你们为什么要花这么多钱去买这么块地呢？我跟老总说：假如县社认为我们买错了，公司不应该买，那么就当是我和总经理两个人私人买。至于钱的问题，我说我没钱，但可以向我哥那里去借——我哥是当地十大乡镇企业厂长，这点钱他还是有的。

见我如此表态，县社领导说他来做一次调研。结果第二天我到县供销社开会，主任把我叫出来沟通。

我说：主任，这个自来水厂100万元买进来，可是能变成1000万元的。他说：哦？怎么变成1000万元？我说：自来水厂靠在集镇边，这里可以办两个市场——楼上办一个日用品市场，即小商品市场；楼下再办个副食品市场。我已经跟县工商局市场科联系过，镇政府方面也都落实好了，一旦决策落地，那投入的100万元就能马上变成1000万元的价值。

主任听完我的分析，心悦诚服，马上把我们这个成功案例作为经验向全县推广，要求各地供销社要抓住机遇——供销社企业也要办市场。

问：您工作在前线，对问题的分析有时候比领导更具客观性。从百货商店开始，您将多个单位扭亏为盈，领导对您一定寄予更多期望吧？

叶耀庭：是的。1998年3月18日，县供销社决定提拔我为漓渚供销社主任、党总支书记。

这个漓渚供销社当时是一个亏损企业。报表利润亏损20万元，潜在亏损50万元，刚好碰上要改革、改制，企业改制正好是我的强项。我去报到以后，与团队共同努力，除了开展好农资、医药经营、食品厂的生产经营外，其他全部进行抽资承包制改革，进行资产、身份双置换，即职工身份置换，有房产的房产也置换。

刚好出现一个机会——位于兰亭镇的绍大线公路需要拓宽，供销社房子前一部分要拆迁，我们要求在马路边再建造8间的三层楼房——这样拆迁赔偿、房子建起来，可一次性置换。一进一出，等于我们50万元的利润进账，再加上门店抽资承包扭亏为盈，所以又是打了一场“翻身仗”。

我在漓渚供销社共待了7个月零8天，将供销社245万元的银行贷款全部还清，还在县供销社存款150万元。经县社财会部门离任审计，漓渚供销社扭亏为盈，综合效益达到90万元，而且我还在账面留下50万元，这对我来说，成绩已经有了。虽然我走了，但后面主任的工作还要干，县供销社要对他进行考核，我不如留一点资金做好人。接任主任对此也很开心。

1998年10月，县供销社下属最大的基层社柯桥供销社与华舍供销社合并。彼时华舍供销社已经资不抵债，两家供销社合并起来，让我担任“一把手”——社主任。我又拿出了看家本领，与供销社领导班子一起，根据县供销社部署做好人员分流。针对一些富余员工，他们有的人实际已离开企业，已在社会得到很好的发展，但其工作身份还在供销社，所以要进行身份置换，要买断工龄，按照工龄给予补偿。9个月下来，我完成了182名员工的身份置换。同时通过改革改制、承包责任制、商品资产置换，降低银行贷款2800万元，并使供销社扭亏为盈。

那时候县供销社离任审计，给我的评价是：9个月时间综合效益达到750万元。离开时我如法炮制，在账面给下一任的主任留了200万元，一炮而红。

问：这些成功的案例，是否也为您做好连锁行业管理奠定了基础？当初您是如何走向供销超市一把手位置的？

叶耀庭：20世纪90年代末期，全国各地的连锁超市在慢慢兴起，这种新型的业态非常受消费者欢迎。连锁经营能很好地降低成本、提高经营效率，又是自主服务、满足消费者购物需求，对此我非常感兴趣，也做了大量研究。作为两个基层社的主任，我最早于1996年6月提议组建开办连锁超市。1997年4月，在多方论证的基础上，县供销社正式组建了县供销超市有限公司，由县社、各基层供销社共同出资。没想到仅仅两年过去，关于“供销超市到底要不要办下去”“能不能办下去”的争论动静越来越大。为什么呢？

究其原因，一来由于企业新办，效益一下子无法显现，导致超市开业两年多，股东也没有享受分红；二来因为当初办超市一个很重要的任务是安置下岗职工，故此供销超市组建后人员太多，组织臃肿。由于我是股东单位的领导，管理干部告诉我：被安置的员工也不乏怨言——原来坐办公室习惯了，现在要他当理货员，要站立服务，不太适应……所以这个超市究竟能不能办下去？供销社内部出现不少不同的声音，好多股东都要求把资金撤回，引起了大家的恐慌。

在此背景下，县供销社领导征求我意见，同时问我：派你到供销超市担任老总有没有兴趣？

那时候供销超市经营困难，加上是白手起家，连抵押贷款的资产都没有，换一般情况没人愿意接这个“烂摊子”。可前文说过，我这个人向来就喜欢挑战“硬骨头”，加上超市属于连锁行业，是一种新的经营业态，有它的发展潜力，所以我当即就应允下来。

1999年7月25日，我正式入职供销超市任一把手，刚到任就面临一件很棘手的事情——原来消防支队在履行检查中发现超市总部办公楼下的新河弄大卖场缺少“烟感喷淋双自动报警系统”，要求停业整改。

我对消防部门还是比较熟悉。于是第二天一大早，我就跑到消防支队找到参谋长。我说：我来投案自首了。他们忍俊不禁，就问我碰到什么事情。

我说我调到供销超市工作了，并掏出总经理名片给他们，而后将消防支队要求卖场停业关门整顿的事说了一遍。我说：如果总店一关门停业，消费者还会信任吗？企业接下来该怎么办？他们明白了其中的要害，问：你有什么方法？我说房子是临时钢结构建筑，条件有限，短期内根本没办法安装“烟感喷淋双自动报警系统”——烟感好说，比较轻，可安装喷淋系统需要建水箱，而钢结构房子根本无法承受。再说，水箱建到哪去？市中心寸土寸金，实在是没办法，只能向你们领导求助了。他们也帮我想办法，最后说：最终方案需要支队长审批同意才行。于是在八月一号建军节时，我以公司慰问的名义找到支队长，将事由和利害关系陈述了一遍，在合规合理可行的前提下，和支队长一同商议出解决办法，得到了支队长的理解和支持。此事一搞定，超市公司干部们觉得新来的老总是个能办事的人。趁此机会，我便把团队人心凝聚了起来。

1999年经县社财会部门审计，供销超市亏损了150万元。按照原定计划要发放年终奖金时，县供销社主任不同意发奖金，我几次上门争取。我说：虽然这次年终绩效考核办法不是我手上定的，但这些干部员工要在我手下工作，我需要他们发挥主观能动性；假如这次奖金不发，考核结果无法兑现，肯定会影响到后续工作。接着我又说：这样，按照原办法打八折兑现，因为公司的确是亏损的，但是这个钱明年我会挣回来。主任见状，最后也同意了。果然，2000年上半年，经过团队努力，我们就挣回来200万元，把前面的亏损弥补了。

从此，我们就一手抓连锁网点发展，一手抓经营管理提升。2004年9月，我们抓住了浙江省“千镇连锁超市、万村放心店”及国家“万千乡市场工程”这一机遇，使企业迅速发展壮大。从1999年亏损150万元，通过几年的努力成了全县供销系统一号企业，实现销售额、利润、上缴税收、企业提留、员工人数等方面排名第一。企业成为全国“开拓农村市场、发展连锁经营”的一个典范企业。

所谓“行行出状元”。我坚信只要我爱这一行，用心去做，做好每一个环节，就一定能创造出好的业绩，成为行业的典范。在我任上，企业获得了中国服务业500强，中国商业名牌企业、全国商业和谐企业、全国供销系统先进集体、全国商业规模效益型企业等10多项国家级荣誉，100多项省、市、县级荣誉。

【评析】

人生在世，一定要多打几个“翻身仗”

一个人来到人世，是无法选择出生环境的。家庭出身、是贫是富、身高体重、健康与否……这些外在条件并不适用于“公平法则”，不论是什么起点，你只能接受。

叶耀庭认为，与其抱怨外在条件的好坏，还不如好好观察这些条件，然后思索如何利用综合优势打好“翻身仗”。就好比一名球员被分配到一块球场上，球员要做的并不是挑剔、点评这块球场是好是坏。只要球场具备比赛的条件，他应该做的、应该关注的，始终是如何打赢这场球赛、打出漂亮的成绩。

叶耀庭好比一位顶级“球员”，恰恰经历过一块又一块的“球场”，能打出一个又一个的奇迹。在为供销超市赢得一块块奖牌的同时，他也为自己赢得了一座座肯定的奖杯。这些荣誉包括：绍兴县劳动模范、绍兴市劳动模范、浙江省关心关爱员工优秀企业家、浙江省连锁业突出贡献奖、浙江省民营企业优秀人物、长三角杰出营销人、中国连锁业成就奖、第五届全国商业优秀创业企业家，第六届中国优秀民营企业家等荣誉称号。他用自己亲身经历证明了一个道理：是金子总会发光，只要用心做，你总会成为你所处行业的状元。

时任商务部副部长姜增伟考察供销超市城东总店

第四章

如何成为优秀的连锁企业领导者

一个好的领导，首先必须是一个好的梦想家。叶耀庭是一个热衷于“追梦”的人，这一点体现在他爱“啃硬骨头”的行事风格上。1999年，他赴处于严重亏损状态的供销超市任总经理，使出“十八般武艺”，通过精细化管理，不仅令超市营业额增长30%多，还抓牢采购业务端收入，盘活超市多方资源，很快实现企业扭亏为盈，打了一场漂亮的“翻身仗”。

在连锁经济下，好的领导从来就不是“孤勇者”，他的背后一定有着一支高度团结的队伍，如果没有，那就必须懂得去打造这支队伍。值得一提的是，叶耀庭是一个非常实干的企业家。实干、踏实的态度，一旦被准确地传导到团队的每个人身上，也会成为团队成员相信一把手能够实现梦想的理由，全员才能一直追随领导。而叶耀庭在奋勇向前过程中，从不忘关注团队成员的状态，时刻了解他们的需求，通过不拘一格的方式，确保他们拥有实现新目标所需的资源和支持，在团队中培养出一种愉悦、积极、向上的工作氛围，这更是当好领导的关键。

第十节

被誉为“叶帅”的背后

“我认为，领导工作就是服务，必须要树立和增强服务的意识。所以，对于下属部门经理，我往往不是命令他们做什么，而是以一个同事的身份跟他们去商量。”

问：很多老同事会称呼您为“叶帅”，请问这个称呼最早是怎么来的？

叶耀庭：这个雅号源自我在华清公司的工作期间。同事们认为我工作执行力强，成效显著，因此赠予我这一称呼。从基层营业员到柜组长，再到多个部门的经理，这些丰富的历练让我对协调工作有了深刻的理解和成熟的经验。

1989年以前，我曾任供销社团支部副书记，书记是一位女同志，她能力也很强，后来选择了随军——我觉得挺

可惜的，凭她的工作能力，在供销社发展应该也比较快。既然她坚持随军，领导决定将身为副书记的我转为书记。

团支部跟工会都是群众性组织，团支部下属有30多个单位的团小组，有150名团员、280多名团员青年（是指准备入团或团小组能够调动，能积极参与团组织工作并贡献力量的年轻人）。书记要组织大的文体活动，将所有团小组联合起来一起搞。供销社30多个单位，团支部书记需要了解团员青年的思想工作情况，还要跟他们经理打招呼，请他们多安排团员青年参加社里活动。有时候遇到单位比较忙，或者有团员要请假，我还要和各位经理商量对策。

这是一份需要经常对接领导的工作，也能让领导观察到你的组织能力。虽然我跟他们同一级别，但因为我是团员青年的领头羊，所以彼此联系都比较方便，大家相互尊重。人与人之间的交流最需要的就是尊重。我虚心地与他们商量，换来他们对我工作的支持。

1993年11月我被县供销社任命为绍兴县华清公司总经理助理，正式走上公司领导岗位。那是我一生工作经历中最幸福的时刻，直到现在，我还常常回想那段美好的时光。

公司领导班子力量比较精干：一个总经理、一个副总经理、一个总经理助理、一个工会主席兼人事科长兼党总支的组织委员，我是党总支生产、宣传委员。副总经理是无党派人士，承包了公司旗下一个原料公司，实际上他没时间参与整个公司的日常工作，只出席公司一些重大活动，譬如开职工代表大会、年终总结表彰大会等。所以，公司实际日常行政管理工作，除了总经理以外，基本由我来打理。所幸总经理比较开明，肯放权。

我当时向老总提议：希望我们两个也分一下工，明确哪些工作是我应该干的。比如有关文明创建、安全生产、教育培训这些工作让我来分管、负责，平时部门间协调让我来负责，公司所有出租房产的招商租赁也由我来管理，因为相对来说跟派出所、城建中队、消防、工商所、药监局等行政执法部门打交道，我比较内行。和政府有关的琐碎事情基本也是我来负责联系。

可老总只是简单地说：我们俩还分什么工，只要是对公司有利的，你什么事都可以管。而他不在公司，我也可全权处理。他是这么说的，也是这样授权的。当然我心里清楚，两件事肯定不是我能干的：一是干部的提任，我最多就是建议，文件还得要总经理一把手批准；二是财务权，县供销社当时明确"一把手一支笔"审批。除非老总直接经办开支了的费用，会叫我签字证明。遇到我作为经办人签字，总经理肯定也签字审批，他知道我不会乱花一分钱。

此外还有个原因，就是我那个老总记性不太好。比如他接了一个电话，然后处理别的事情，他会把前面的事忘了。所以日子久了，县供销社科长们都还是要跟我再说一遍，看看这个事情怎么处理？我一般也知道这些事该怎样办。所以，后来凡是县供销社、镇里有关部门、各个派出机构（所），往往会直接联系我。对此，我一般把握原则：只要不涉及公司要花钱的，或者涉及面不广的，我就直接先去办了，事后碰到老总简单汇报一下就行；有时办前老总在，我先向他汇报请示。

凡是要花钱的，我要提前向老总报告。如县供销社通知要到我们这里开现场会，多少人参加？我们要招待一餐饭，要花多少钱？肯定要和他汇报过，他同意了我才能去安排。

对于公司各部门，我比较喜欢主动上门征求意见，做好服务。譬如西药批发部，尽管仓库已经足够大，但有一次他向我反馈仓库还是不够，问我公司内部有没有这样的部门能调剂？我对于各部门的资产情况了如指掌，公司下有一家工业材料公司，他们做钢材、木材、大宗农产品的采购，以及再生资源收购，使用场地基本只要地面一层，而他们有一栋两层楼，二楼大概有500平方米空着，杂七杂八堆了一些包装。我认为这500平方米仓库可以用起来，就跟工业材料公司经理提议：你二楼仓库要不要出租，我帮你协调一下，租给我们内部部门，你可以增加收入。他说这是好事，你帮我协调一下。我问：你想租多少钱呢？他说我想租个5万元，如果嫌贵，3万元也行。我说基本上按照你的要求去协调。

第二天一上班，我就到西药批发部经理处，我说场地给你找到了，是工业材料公司的二楼仓库，比较安全。因为药品价值比较高，他们要5万元租金，你看看如果让一点也可以。

经理比较爽快，他说你给我仓库都找到了，5万元我就不让了，肥水不流外人田。双方就签订协议，公司鉴证。后来交接前，我再次看了场地，可以单独做一个楼梯直接连通仓库，大概需要花费2000多元。2000元钱虽小，由于涉及花钱，我也先向老总汇报了。老总听了非常开心，这件事是公司内部的资源整合，2000多元就由公司承担，最后达到多赢。类似的事情做得多了，慢慢地，中层干部有困难都希望找我来帮助。

问：您一定在实际中帮他们解决了不少问题。您认为领导能成功，最重要的因素是什么？

叶耀庭：公司医药批发部是一个法人主体，但是实际下面是两个经营单位：一个是中药批发部，带零售门店；还有个西药批发部，专业批发，没有带门店。每个单位都有经理、会计，下面也都有科长、业务员。

2006年，有一次医药批发部上面来审计，经过半个月的工作，已基本完成资料收集、数据分析，就差出审计报告。中药批发部会计是湖北人，已好几年没回家了，就向批发部经理提出想回老家探亲，经理一看审计基本结束，就同意了。结果会计前脚刚走，审计部门就要求中药批发部出具一张部门经营情况汇总表，这个数据分别掌握在中药批发部、西药批发部的会计手上，他们彼此汇总数据是打通的。公司财务科长马上向总经理汇报，说中药批发部会计回老家探亲了。总经理一听就很恼火——审计还没结束，你会计休息去了，怎么办？所以他拿起电话对中药批发部经理狠狠批了一通，还说公司要毁在他的手上。当时我也在办公室，我一听可能是要出事。等老总放下电话，我说你别急，这件事我去协调办理。

我从楼梯一路跑下去，估计一场争吵在所难免，因为经理也觉得委屈。果然不出所料，在来公司的三岔路口，中药批发部经理气冲冲地正赶来。我见到他说：是一场误会，这件事你也不能怪老总，中间有些环节出了问题，这件事我来解决，你一定要相信我，你现在先回去。经理听完就折回去了。

西药批发部的会计姓傅，我找到傅会计说：汇总表这事情已经闹大了，是不是你帮我做一下？这事如果不解决的话，整个公司就乱套了。好在傅会计说：叶帅，你来说了我就配合做。我便等着她把报表做好，并请经理签字盖上公章。然后拿给公司财务科长，随后我把整件事来龙去脉讲了一遍。我对财务科长说：你是知道老总的火暴脾气的，碰到这种事情，怎么不想想有没有更好的解决办法呢？关于这件事，下面部门也委屈，老总以前又是医药商店的经理，他们之间友谊是比较深的。因为你一张经营汇总表的事儿，上下级万一因此产生隔阂，到时你会成为矛盾的焦点，以后还怎么开展工作？要知道，威信是在服务中树立起来的。

其实背后真实原因我也知道，因为财务科长与西药批发部傅会计两人关系并不是特别和睦。我说：一件小事何必搞得这么大？一旦出现严重后果，恐怕你也负担不起。

财务科长听完，当时就说：叶总我错了，以后做事情真的还是要考虑全面。我说以后这种事情你先跟我说一下，我可以帮你协调。这件事就此平息，避免了擦枪走火。

我认为，领导工作就是服务，必须树立和增强服务的意识。所以，对于下属部门经理，我往往不是命令他们做什么，而是以一个同事的身份跟他们去商量。我认为每一个经理都是能商量的，这点我是要把握的。他们也知道我的服务意识非常强，当他们有求于我，我就会想尽办法去解决。

好多部门领导跟我说：叶总，你上面如果说遇到费用开支有问题，发票拿到我们这里报销。我有个原则：一是我从不拿他们的一分钱、一份礼品；二是我从来不去报销一张发票。哪怕是我花了钱，只要花在部门身上的，那也没有理由去报发票，这是我为人坚守的原则，所以全公司中层干部、员工对我很佩服。

通过这几件事，我的工作开展非常顺畅。坦率地说：我当时在华清公司一人之下几百人之上。也正是由于服务意识强、以身作则，所以我赢得了尊重，中层干部上上下下都叫我一声“叶帅”。

问：在您为中层领导解决各种实际问题的同时，一定程度上应该也帮总经理解决了问题。

叶耀庭：是的，1997年上半年，我们老总曾经领导过的一位中层干部调到我公司，由于他的弟弟是我同学，我对他情况比较熟悉，就主动问他：你来了，你老婆怎么办？他说我正为这件事头痛呢，我想让老婆调动过来，可这事怎么去和老总说呢？

我说这件事我来帮你解决。我专门去了趟县供销社人事科，向陈科长汇报：中层经理已经调过来了，但他老婆还在原单位，那边也要她调出来，我们公司一起接收，岗位我给安排好。陈科长说：你们老总知道吗？我说老总当然知道喽，就是老总把这个人才引进来的，以前是他的部下。陈科长说好，当时就开了调动手续。

回到公司后，我把这件事情向老总报告。他说这件事情只能这样处理，为什么中层干部自己不来说呢？我说他是不好意思给您添麻烦。调动了爱人工作，我又给他安排好房子，让新来的中层干部非常暖心。日常中这种为员工服务的意识增强后，会慢慢化为他们对我的尊重。这些事原本是总经理做的，我都做了，让老总省了不少心，为此，他对我也非常肯定。

遇到要花钱的事情，有时候也是我先来处理，因为我去处理尚有余地，而老总去处理的话基本没余地了。我会跟老总讨论一下费用大概在什么范围内，我往低的靠，这样就能解决问题。对于县供销社各科长安排的事情，由于老总记性比较差，总是忘事儿，所以县供销社各个科长、副主任们会打电话问我进展情况。当然，我也会先向老总说明，某科长打电话来要求配合，刚好您不在，我想事情这样去办，您看是否妥当？有好几次我们县社主任联系不上老总，也是直接来问我一些情况，我也如实报告。

华清公司经营管理日常事宜上上下下、大大小小的事情几乎都由我处理，某些细节我比老总还要清楚，有时甚至老总也到我这里来了解情况。不少科长在汇报工作时，提到总助叶耀庭非常清楚状况，县供销社布置的工作都会不折不扣地执行好、落实好，并且有反馈。这对我来说既是一种鞭策，也是经验的积累。我在处理日常事务的同时，其实也在履行一把手的职责，所以当我成为一把手以后工作也得心应手。这也是1998年3月17日县供销社正式任命我为漓渚供销社主任、党总支书记后，我能在任上出色完成任务的原因。

【评析】

跑在前头 干在实处 与人方便

曾几何时，关于“领导到底应该给员工更多监督还是更多自由”的大讨论流行于各行业的企业高层。大家各抒己见，有人说是监督，因为员工没有经验，缺失觉悟，需要领导来关注、管理；有人说是自由，因为一个企业是否能发展壮大，终究需要的是员工的自律。

叶耀庭却用他的实际行动证明了另外一个答案：领导的魅力，在于做好服务。这个“服务”，是真的将同事当作共同奋斗的“战友”，在别人遇到困难、处于逆境时及时出手，给予方便。叶耀庭认为，领导魅力并不是虚无缥缈的东西，而是靠一次次实打实地帮内、外部人员解决问题而建立起来的。只有心思跑在领导前面，行动全部做到位，真正帮到别人，才能获得别人的信任和依赖，而威信也得以步步为营地树立起来。

第十一节

领导的艺术与责任

“当领导，必须一言九鼎，说出去的话如同泼出去的水，一定要兑现。即使100次中只有1次没兑现，下属也会把你这1次的不兑现，和你100次没兑现画上等号。”

问：作为一名从基层干上来的资深干部，您认为做领导最重要的特质是什么？

叶耀庭：领导者的威信至关重要。这不仅包括上级赋予的权力威信，更重要的是通过个人魅力和以身作则赢得的“自然威信”。我担任漓渚供销社主任期间，尽管条件艰苦，但我坚持与员工同甘共苦，赢得了他们的尊重和信任。

我干过三个部门的经理，对此深有体会。当领导，必须一言九鼎，说出去的话如同泼出去的水，一定要兑

现。即便你100次中只有1次没兑现，下属也会把你这1次的不兑现，和你100次没兑现画上等号。以身作则，说话算数，才能树立起威信。我们说威信有两种类型：第一种是权力威信。一纸红头文件就让你拥有权力威信，这是上级给的。某一天上级任命你担任某部门经理，除极个别的刺头员工外，一般员工都会来配合你，服从你指挥，这是权力威信；第二种是自然威信。你想让下属从心底里佩服你，那就要靠你的人格魅力以及你的以身作则，来赢得他们的尊重。

1998年我到漓渚供销社工作，担任主任、书记。那时漓渚供销社比较困难，大热天只有会议室有一台空调，其他办公室都没空调（我是1998年3月17日报到，10月25日调离赴柯桥供销社当主任，中间历时7个月零8天，也就是说这一年高温季节我都是在漓渚供销社主任、书记岗位上度过的），条件艰苦。办公楼是一幢木结构三层楼，原是供销社旅馆，后来随新街开发，老街逐渐没落，将旅馆关闭用作供销社办公大楼。

我到任以后，副主任、几个科长就跟我说：叶主任你办公室还是要装台空调的吧。我回答说暂时不装。因为正值改制，如果我舒服地吹着空调，员工来谈事情时就觉得主任办公室挺舒服，这种情况下要给他讲供销社的困难是完全行不通的。更别提我去的时候企业还是亏损状态。我说我们开会可以到会议室，那里有空调。这样坚持下来，我就赢得了员工的尊重——首先你是我们供销社办公楼里人员，你主动和我们员工一样都没空调，只是一台电风扇，体现了公平；第二说明你以身作则，能跟员工一起吃苦耐劳，所以大家就打心里佩服你、尊重你。于是行政方面能很快地把员工凝聚到一起。此外，下面部门员工、经理来主任办公室汇报工作，因为没有空调，那就有事说事，汇报完就走，也提高了办事效率。

问：以身作则，可以让领导赢得员工的尊重，而面对熟人、朋友的请求时，又应该怎么做呢？

叶耀庭：1998年10月25日，我根据安排调任到刚刚由柯桥供销社、华舍供销社合并而来的柯桥供销社，供销社有几十个部门、702名员工，负债达5000多万元，即将进入亏损模式，困难重重。供销社办公室非常豪华，堪称“非洲总统府”，什么电梯、中央空调应有尽有。其中我的办公室有将近60平方米。我在主任岗位上面待了整整9个月，工作期间从没有接受过一个员工或者是中层干部的宴请，这是我做人的原则。那时是改制阶段，员工们一心盯着你处事是不是公开、公平、公正。改革改制直接关系到员工利益，企业需要尽可能地维护他们。我们在东升路市场楼上有将近100套房子，产权属于供销社，但使用权实际已经归员工了，想要拿回来是非常困难的。

其中有些员工原是柯桥供销社干部职工，后来调出去担任其他供销社领导干部，他们也纷纷打来电话询问，我的回复是：跟现有员工一视同仁。因为那时候分给他们房子，是考虑到他们在柯桥供销社做出贡献，所以在出方案的时候就视为在职职工。我们议定处置方案，处置价格不能对标房改房，否则我们连成本都收不回；也不能是市场价，否则员工不来交费也是白辛苦一场，房子还是卖不掉。在这种情况下我们定了个中间价，经上级批准实施。结果房款收回600多万元，降低了企业负债。而有些员工由于身份还没置换，将房子与身份一起置换，使他们也能安心配合，有利于推动企业改革改制。

方案一经公布，得到了干部、员工的积极响应，其中也涉及供销社人事科科长和财务科科长，他们两人也有房。按道理说，他们俩属于供销社班子成员，照以往做法是可以享受“给房改房”的政策。为鼓励他们积极性，供销社班子经集体开会表决，决定给予一定补贴。我记得当时财务科科长说手头没现金，家里比较困难。我毫不犹豫地说：我家里刚好有这笔存款，你需要的话先借你。他不到三个月就还给了我。这样一个政策，能充分考虑到职工的实际情况，改革也能顺利完成，且得到了县供销社领导及所有员工的一致肯定。

所以说，到一个单位工作，自己要树立一身正气。我成为主任后，有些熟悉的下属中层干部，有的还是老朋友，他们就会邀请我吃饭。对此我婉言谢绝，我说在这个非常时期，如果我参加了你们的饭局，以后事情反而会难办，也许有人就会揪着这餐饭，对以后彼此工作的开展是不利的。一切尽在不言中，大家默默地做好工作最重要！

问：当制定政策后，面临特殊情况时，您有什么对策？

叶耀庭：方法永远比问题多。在柯桥供销社人员置换过程中，领导班子一起努力推进双置换。那时候供销社正面临市场冲击的大潮，除房产以外，其实已是空壳子。员工如果按照供销社统一政策，还能拿到一笔离职补偿金；否则，到了企业困难之后，他们辛辛苦苦一辈子到最后可能连这点补偿金都拿不到。所以我苦口婆心地做好员工工作，特别是稍微有点能力的，他们就纷纷买断工龄，有人交了10年社保，有人是交了5年社保，再拿一部分补偿；有的就自谋职业，全拿了补偿金。

9个月的时间，我成功地分流了182名员工，为后续进一步改革改善打下了基础。所幸的是，在我分流的这182名员工中，没有一个哭闹，没有一个向有关部门投诉、打闹，全做到了平稳推进。

而有些员工确实文化程度不高、家庭困难，也没有资金购买营业房，我说你可以留下，但身份要置换，重新聘用你安排工作。那时候我们有两个门店可以开超市，我们与超市公司联系，房产和员工都让他们安置，这样就很好地解决了员工身份置换工作，推进了改革的完成。

问：在您正式成为供销超市带头人之后，应该是全面检验您领导能力的时期，是否发生过让您彻底服众的事情？

叶耀庭：1999年10月25日，我离开了工作9个月的柯桥供销社，调供销超市担任总经理、党支部书记。

对于超市这个新兴行业，我充满了希望。所以我与干部员工们一起商量，根据连锁经营要求，提高经营效率、降低企业经营成本，从而获得较好的经济效益。在此背景下，企业发展慢慢步入健康发展的轨道。1999年公司尚亏损150万元，2000年上半年我从各方面来增收节支，销售额实现了30%多的增长，毛利率提高了两个多百分点。同时采购业务端的赞返收入包括进场费、陈列费、广告费等有较大幅度增长。

2000年上半年，我们成立了广告部。广告部开的发票享受营业税优惠，只要交5%及附加费就可以——假如房子出租，那要交20%的营业税。两者税率是不一样的——通过广告部一年就收入了上百万元，实现扭亏为盈。干部员工的精神面貌得到了改观，大家都觉得有信心了。

这期间发生了一件事。1999年下半年我们还是亏损状态，可县供销社下达了目标：由于我们属于发展的“新三块”之一——连锁超市、连锁医药、房地产公司，属于新兴发展业态，要推进股份制改革。你想，1999年尚且亏损150万元，2000年上半年让业务骨干拿出钱来入股，把真金白银投入公司，大家多少都会有想法，我那时候心情也比较沉重。但既然县社有要求，而我又认为入股企业是我参加工作近20年来一个很好的机会，所以我就带头入股。彼时家里刚好积攒有28万元，我就先交进去，再召开会议，提出全员根据所担任的职务配比入股额度，干部要带头入股。当时就出现了各种情况：有的业务骨干说的确是没现金，有的抱怨还有银行贷款，有的是家里有一点钱，但说白了对企业的前景持怀疑态度——供销超市200万元股份的任务分下去以后迟迟交不上来，那怎么办?

改革必须推进，我做了个决策，就是允许企业借你，但期限只有一年。如果到年底期限内你股份交进来了都算数。因为属于企业借款，在期限内的投资收益归企业所有。而2000年上半年确实就赚进200万元，业务骨干的信心就迅速增强了，有人提前把钱交进来，有人向亲戚朋友借一下也交进来了。

【评析】

“狼道”与“蛇踪”

后来人们喜欢用“狼有狼道，蛇有蛇踪”的比方来形容叶耀庭时代的供销超市。叶耀庭认为，零售企业不一定非要和对手挤在“狼道”上，即使能够杀出一条血路，恐怕也是遍体鳞伤；有时候，“蛇道”也未尝不是一条通往成功的捷径。供销超市避开“狼道”，坚持“农村包围城市”战略，在浙江绍兴的农村大地上，走出了一条自己的康庄大道。

叶耀庭考察研究全国连锁超市发展的先进经验，独创性地为供销超市量身定制了“四种业态”。第一种是大型综合超市，一般建在城区、县城，规模4000平方米以上；第二种是标准型超市，面积1500~2500平方米，在大型乡镇、城乡接合部；第三种，社区便利店，面积100~300平方米；第四种，供销超市响应国家号召，在全国率先开展“万村千乡”市场工程农家店建设，店铺一般面积40~60平方米。

叶耀庭坦言：“其实我这个人喜欢‘啃硬骨头’，只有把硬骨头啃下来才能体现出人生价值。”

他临危受命，为供销超市定制了独特的发展路径，而真正让员工看到希望的，其实是他以身作则的作风，以及实事求是的态度。

第十二节

以身作则 言行一致

“有时候下属犯了错误，也可能是我们制度上的缺陷造成的，制度上的漏洞形成了可乘之机，这时候我们还要检讨自己工作是不是真正称职。”

问：在您的领导下，供销超市是如何走向快速发展的轨道的？

叶耀庭：通过股份制改革，员工成为企业的股东，这极大地提高了他们的工作积极性和工作效率。我们通过精准的绩效考核和公正的奖励机制，确保了每个员工的努力都能得到应有的回报。

企业里股东会是最高的权力机构，虽然我们当时注册资本3000万元，这200万元的股份比例还是挺小的。后来县供销社又进一步改革，业务骨干持大股，相当于控股了

企业。这是随着政府部门整体推进改革的需要和要求——那时对于零售竞争性行业，县政府要求县供销社下属企业持股都要退到40%以下，相对应地，业务骨干持股比例就慢慢上升。

2002年下半年，县供销社原领导许志炎（后调任县政府办公室副主任）熟悉当地一家民营企业集团创办的连锁超市——绍兴华能超市，其集团董事长希望把华能超市转让，想用所得款项收购另一家特种汽车改装厂。在许志炎副主任的牵线搭桥下，我们与华能超市方进行了几轮商谈。当提及营业状况时，我记得他们就掏出6本房产证，没给出财务报表。对此，我们自然有办法。

他们有19家门店，我们分成三个调研组，每个组负责6~7家门店，并对每一家门店进行评估。早上开门，我们去买东西，中午收银员快下班时我们再去买个商品，下午晚上也同样操作。这样就能从收银小票的流水中把收银员的销售额分析出来。再根据门店所在位置，判断门店客单价，这样就算出销售额。然后再评估人力费用、房租费。我们和门店员工聊天，判断其一年的工资是多少。根据同地段同类物业判断出房租费是多少……如此操作下来，我们根据同行业规律计算下来结果是：当时的绍兴华能超市没有赚钱，可也没有亏钱，毕竟其房产是前期所有，是增值的。所以，对方提出1000万元的股份以4300万元转让给我们，增值3300万元。

通过仔细评估，我认为我们一旦受让控股企业，就能大大增加盈利。因为两家企业在同一个城市，相互间避免不了竞争。可当19家门店拿进后，我就成独家经营——当时公司虽有50家门店，但有些门店的位置不如华能超市好，他比我们早发展一年，某些房产是他们集团所有——收购华能超市后，我们就成了这座城市最大规模的连锁超市企业。大家知道，一旦在当地成为老大，就能起到强者越强的马太效应。于是，2003年公司通过资源整合、改善经营，同时将两个物流中心进行合并，仅对外招商出租收入就超100万元。2003年下半年时，公司经营利润接近1000万元，经营形势非常乐观。

正是这一年开始，企业进入高速发展的阶段，我们一年发展门店可达20家以上，且有几家是大型综合超市，有的规模达3000~10000平方米，企业也引起了社会的广泛关注。各级政府部门如商务局、工商局、消防支队、财政局等对公司越发重视、关心、关注；各银行对公司也大开绿灯、全力支持。

问：企业大了以后，一定会有熟人来求领导办事，您是否遇到过？您是如何处理的？

叶耀庭：企业发展到这程度，形势大好，避免不了家族里有人想进公司工作。我有一个外甥女，能力出众，曾是粮油加工厂的一名会计，因粮油厂要转型成市场，员工要进行分流。她也找到我说：小舅舅，我能不能进你们公司？我可以做财务管理。我和她分析说：我这儿体制改革已经完成，各部门人员都已规划好。这种情况下你进公司，一来没有股份，你很难安下心；二来公司管理体系已经健全，尤其是财务部门，经理、副经理都已就位，能匹配你能力的岗位也很难安排；三是公司有个规定，即高管的亲戚都不能进公司工作。尤其作为董事长、总经理一把手，我更要以身作则。我说：你有什么其他好的想法，我倒是可以给你评估评估。或者对其他单位有意向，我有认识的都可以帮忙一起做工作。最后她提出想考拍卖师。我说拍卖师这个行业倒是非常好，由于门槛高、从业人数少，有了拍卖师资格，哪怕是退休了也可以举榔头。我外甥女还是挺勤奋的，她初中还未毕业就接替我姐姐参加工作，日积月累，她能力越来越强。后来，她专程跑到北京参加拍卖师考试，顺利地通过了考试。进入拍卖公司几年后工作如鱼得水，名义上她是副经理，但实际是主持日常工作，所有的工作都是她在做，自己也积累了丰富的经验。当她从拍卖公司退休后，被多个拍卖公司聘为拍卖人，就是俗称的“举榔头”。除了每场800块基础的底薪，还有提成；假如她自己找来的项目挂靠到拍卖公司，交管理费后剩余的收入都是她的，事业风生水起。所以说有时候你看似一件坏事，也会变成好事；你看似失去了一次机遇，但不要忘记抓住另外的机遇，也会赢得人生的精彩。

同样的案例还有很多，譬如我夫人。她曾在一家医药公司财务部做普通账户处理工作。后来我们家搬到绍兴市区，刚好她公司在绍兴设办事处，受领导照顾调驻绍兴办事处，维持原一年2万多元的收入至退休，目的也是为了照顾我们家庭生活。平日里，她曾向我提出过，能不能调入我们公司，让她也能享受高待遇。为此，我这样与她说：且不提公司有高管亲属避嫌的规定，单是工作本身也不适合——如果去门店站柜台，年龄大了也站不动；假如坐办公室，估计也不能适应。所以你还是安心在原单位工作吧。

接着我进一步给她分析：我一年赚几十万，加上你的钱，两人平分，相当于50%也是你赚来的，放全社会的女同志群体里去比，你不也是高收入人群吗？而且你看，我们连锁超市女同事占到70%，如果高管都把家人亲戚带进来，肯定是要出大问题的。企业发展每天都会发生大大小小的事，如果亲戚进到企业，一旦发生问题，就会拖高管后腿，就会施压高管息事宁人，何必要做恶人？如果企业里大家都不想做恶人，那企业怎么能发展呢？企业的规章制度还怎么得到贯彻执行呢？所以我说高管的家人是绝对不能进公司，当然也包括我爱人。我说我工作这么忙，你把家里的事情搞好，也是很大的贡献。

问：下属犯错的时候，您是如何处理的？相对应的，您又是以怎样的姿态领导全员一心的？

叶耀庭：我在处理下属问题时，基本做到“无情的政策、有情的操作”。你犯错误了，实事求是把事情处理好，你认识到了问题，以后改正错误，那我就不深究。如果错误很严重，你还可以选择换岗位，继续工作。不是说一棍子要把人打死。有时候下属犯了错误，也可能是我们制度上的缺陷造成的，制度上的漏洞形成了可乘之机，这时候我们还要检讨自己工作是不是真正称职。

大家都觉得一把手全身心地为公司，那全体上下就会一起努力，就能把公司建成规模效益型的企业。自2003年以后，公司经营一直保持稳健，到2006年，公司利润已经突破3000万元，并持续上升，我们成为社县供销社及华通集团经营利润最好的公司。尽管兄弟单位房地产公司也曾获利3000多万元，可当我们很快将经营利润冲到5000多万元时，他们就明显跟不上步伐了。我们公司近2000名员工，最高峰时税后留利达到1.5亿元，利润总额超7000多万元，企业真正走上了健康发展的轨道。

在企业高速发展过程中，我始终觉得一把手方方面面以身作则是非常重要的。每天到公司上班，我是比较早到的那几个人之一；晚上下班，我差不多又是最后走的几个人之一。公司规定普通员工五点下班，五点到六点这段时间人比较少，没有什么打扰，可以谈些重要的事情，也可以静下心思考问题的解决办法、下一步的工作等。我六点钟下班前，会到各办公室转一圈，只有信息部要保证畅通运营的值班人员、工程部保证安全的值班人员还在，其他员工都下班了。

故此，那时候在供销系统、华通集团内部，我的敬业精神是出了名的，得到了顶头上司的肯定。领导评价我：叶耀庭以身作则、处处严格要求自己。

问：您说了很多关于如何做到以身作则的案例，关于说话算数，在曾经的领导实践中，您是如何印证其重要性的？

叶耀庭：要做到说话算数。

你说出去的话覆水难收，一定要负责。作为管理近2000人的领导，不能随便表态，一旦表态，肯定要算数。比如每年的绩效考核办法，我们做得比较细，而且做到精准考核。何谓精准考核？

不管是一个部门中的某个员工还是某个干部，有些指标是通过个人努力能达成的，可有些指标靠他100%的努力也未必能达成，而是需要各部门共同合力来达成。某些情况下，个人理念或许能发挥一定作用，但无法起主导地位。比如销售额的比重问题，销售额最重要的实现途径是门店或团购，通过门店终端环节来实现。可要达成终端销售指标，首先采购部门必须引进适销对路的商品。只有商品适销对路，商品进货价格有竞争力，才能促进门店销售。

那么，如何考量采购部门的采购价格竞争力？我是用同行比价、市场比价手段来衡量采购工作的优劣。对采购部门来说，通道收益是附加在商品采购上的额外收入，这是采购部门需要达成的收入。门店销售额、毛利额、毛利率、费用率等几个指标肯定要考核，但最终目的是提高利润额。实际情况是两大块销售额每个月进行考核，利润每个月都要考核，达成进度后，年终总决算只要超过了，那就可以得到超额完成的分成奖、完成任务的基本奖，久而久之就形成了一种默契。

作为领导，年初白纸黑字、大红印章签发了考核办法，下发了就一定要严格执行。我们每年年底做到：先让部门、门店自己算能拿多少奖金，而后由财务部门根据责任制考核办法来进行初算，最后由公司考核小组来审议，审议要是通过了，老总就负责大笔一挥，同意下发。我们常说："员工只会做有奖励的事情、要检查的事情，不会做你期望的事情。"领导说话算数的重要性，在绩效考核实施上显得尤为重要，奖励兑现要硬碰硬。做得好了，所有干部对公司总部决策、承诺会非常信任；下属员工自然也会跟着产生更强烈的信任感。

有些单品需要重点关注，我们就把它单独写到考核里，有指标有奖励，这样员工就会积极地推销，推销成功就给奖励。业务部门的奖励也是按照年初方案分配到员工，对于公司整体税后利润，按照股份同股同权进行正常分配。

我这个人比较开明，公司当时的分红率在当地行业中最高。从2005年开始，股份分红率达到了70%，而且连续几年都是这个水平。分红率越高，股东积极性越高，而我们股东全是业务骨干，所以经营积极性一旦发挥起来，企业经营效率就大大提高，利润滚滚而来，挡都挡不住。以至于财务科长很担心大幅增加的利润会引发突然增长的税务问题，可能会导致现金流出增加。为此财务科室到月底时特意跑来和我汇报，我说企业还要经营下去，你们尽量在符合法律规定的前提下适当调整利润表现，确保企业的可持续发展。

综上所述，我在企业管理实践中认为：作为一名管理者，就应该以身作则、说话算数，那也是管理的最高境界。

【评析】

叶耀庭的“秤”和“码”

超市里，人们在选完生鲜果蔬后要做的第一件事，就是前往称重区称重。为促进公平公正公开透明，有的城市会在不远处设置“公平秤”，超市里的称重是否准确，当下立见。人们信赖“公平秤”，如果超市称重结果和“公平秤”一致，那么时间久了，人们就会转而信赖超市。

叶耀庭就是供销超市的“公平秤”。

作为一名为数不多能带领一家新成立的公司冲刺巅峰的领导，叶耀庭自有许多服众的地方。他有着“十八般武艺”，随便使出哪一套武功，都能大大增长企业效应，但真正能让供销超市走向快速发展轨道的关键因素，还在于叶耀庭能让企业上下二千名员工团结一致，宛如屡获战功、经验老到的老兵团，能一以贯之地贯彻叶耀庭制定的政策。究其原因，叶耀庭已经洞悉了供销超市领导艺术的本质，那就是做到“以身作则”和“说话算数”两个方面。

对叶耀庭来说，“以身作则”相当于“秤”，只有领导自己以身作则，全体员工才会体会到公司公平公正的原则和氛围——领导尚且如此尽责，员工又怎敢有所偏颇？在此基础上，加好“说话算数”这个“码”，才能真正撬动全体员工的积极性，实现全员价值观一致、目标一致的完美氛围。如此一来，又何愁企业不走向巅峰呢？

拜会时任北京超市发董事长、中国连锁经营协会副会长李燕川

第五章

值得复制的成功

在快速变化的连锁商业世界中，企业要想在竞争中立于不败之地，就必须不断创新和拓展。资本合作和并购发展是企业实现规模扩张和市场竞争力提升的重要手段。通过这种方式，企业不仅可以迅速扩大市场份额，还能够在技术、管理、品牌等方面实现质的飞跃，从而在激烈的市场竞争中稳固自己的地位。

自供销超市高歌猛进，综合实力打进“中国连锁百强”、稳居当地市场第一地位后，快速扩张带来的影响也随之显现。此时，叶耀庭主导供销超市走进资本合作时代，最终于2008年加入北京物美集团，创造门店数量、销售额、利润额、上缴税收四个指标翻倍的佳绩。

供销超市的成功，并非叶耀庭连锁从业生涯的终点。卸任总经理之职后，他将更多精力放在研究连锁经济、助力连锁行业发展上，在主导成立采购联盟的同时，也受邀为多个连锁零售品牌提供专业咨询，通过创造一个又一个业绩增长，以别样的方式为连锁行业添砖加瓦、贡献力量、创造价值。

第十三节

成功的资本合作

“一家企业单打独斗的年代已经过去，苦苦探索、慢慢摸索，终究不如抱团发展。资本合作、强强联手才是我们这个社会的趋势。细数世界500强企业，每一个都是靠不断合作并购才形成世界级公司。”

问：供销超市是怎样走上并购发展之路的？

叶耀庭：在供销超市任职一把手的15年里，我先后经历了多次合作并购事务。

首先是2002年下半年，在绍兴县政府办公室领导的牵头下，供销超市成功收购了绍兴的华能超市，令供销超市成为本地城市门店最多、服务面最广、销售额最高的连锁超市行业老大。

2003年以后，本地城市税务部门、商务部门都会排

名前十强企业，其中税务部门公布绍兴市商贸企业纳税十强中，供销超市名列第二位，当地国商大厦第一位。国商大厦的增值税比供销超市高，但论企业所得税，我公司又比国商大厦高。为什么会这样？因为国商大厦毛利率达30%以上，我公司的毛利率只有百分之十几，所以其增值税要比我公司高。但国商大厦是百货店，而我公司是连锁企业，所以在连锁行业，供销超市在本地是第一位。

从2001年开始，我公司进入中国连锁百强排行榜，连续多年位列全国连锁百强企业的第八十几位。如果是超市快销品行业的话，我公司应在全国排名第五十位左右，在浙江省是第四位，我所在城市是第一位。这个排名为我们做强做大企业提供了支撑和帮助。在企业发展过程中，如遇到有加盟店因经营管理、商品结构不合理等因素要转让，我公司就会做并购评估。凡是加盟店的商品，同时也是我公司在经营的，且商品条码都是一致的话，可按照我公司的进价做收购。加盟商们也觉得供销超市很人性化，愿意把门店转让给我公司。这样下来，我们前后受让了二十多家门店。

问：快速发展的过程中，供销超市有没有遇到瓶颈？是怎么解决的？

叶耀庭：2008年前后，企业经营效益的确比较好，但压在企业身上的“三座大山”依旧让我们喘不过气来。

第一重压力是安全生产。因我公司有25家大型门店是钢结构房屋，按照国家规定，它的使用寿命是20年。即便如此，平时也难以预测什么时候会出事故。所以每当下雪天，我公司都要组成检查组，对每一家钢结构的门店做监控，半夜三更还要去扫屋顶积雪，因为积雪太厚，万一钢结构承受不了，那是要塌下来的，营业就要暂停了。彼时，省内还有连锁超市企业发生过火灾，一把大火，不仅让一个老总引咎离职，也让这家企业从此萎靡不振。所以，一场事故就毁掉一个企业并不是危言耸听，安全生产责任重于泰山。

第二重压力，是我公司那时候发行的消费券/卡，即预消费销售凭证，在当地发行量较大，因我公司连锁网店分散，难免要经常接受当地人民银行、纪委的审查。

第三重压力，就是我们企业经营发展很快，明显感觉到人才的匮乏、技术的不足，迫切需要有“后台”给我们支撑。

在此背景下，曾经有两家企业跟我们接触。一家是华润万家，名字里有“万家”，恰巧供销超市有句广告语是：供销连万家、方便你我他。2003年某一天，时任华润万家CEO陈朗到我公司总部，希望见我。陈总到我们总部一看到广告语，便开玩笑说：你供销连万家，就是一定要跟我们华润万家合作。他们进行了评估，希望能跟我们达成顺利合作。但后来他们希望100%全资收购我们股份，我们无法做到。因为我们自然人控制的股份只有63.6%，还有36.4%是属于华通商贸集团，之后此事不了了之。

浙江省有个物产集团，是全省排名第一的大型企业，其年销售额超过2000亿元，后来跟中大集团合并后上市了，现成为物产中大集团。2002年，时任物产集团副董事长胡仲鸣到我公司考察，他希望能与我公司达成合作，表示要投资2亿~3亿元来帮助企业加速发展。但是，由于那时候我们企业规模还小，估值不高，所以我们也婉言谢绝了。另一方面，也因为“隔行如隔山”，物产集团当年除了资金以外，没有能帮到我们的其他空间。我们还是挺希望与同类优秀企业、同行业的上市企业强强合作。

2007年下半年一次偶然机会，朋友介绍我们认识了时任北京物美集团副总裁、华东区总经理的张胜华，我们比较聊得来。通过一段时间接触，我们认可了他们当时的经营理念，认为他们的确能在员工培训、生鲜强化、网点选址等几个方面帮到我们。所以，我们最终推进了合作。2008年8月28日，我们南北两家企业正式签署了合作协议，公司正式成为物美集团华东区一个子公司。加入以后，公司发展就按下了快进键。截至2013年底，实现了“四个翻番”：一是门店数量翻了一番，门店达到了140家，最高峰时达到180家之多；二是销售额翻了一番；三是公司利润额翻了一番；四是上交国家税收也翻了一番。尽管2018年以后因经济形势发生变化，且我们一批领导退休离开企业，导致后面经营不尽如人意（他们要求我担任6年总经理，前3年我是董事长兼总经理，后3年我担任总经理、党委书记），但我任内企业经济效益非常不错，公司还曾创造利润总额超过母公司即物美集团华东公司的佳绩，合作效果有目共睹。

问：除了物美，您还主导实施了哪些并购案例？从中您有什么感悟可供分享？

叶耀庭：2009年，应北京物美集团华东公司的要求，对总部位于湖州市吴兴区的湖州老大房超市进行并购合作。因为那时候我与老大房超市总经理、几位副总经理都较熟，经过一来二去的交流评估，他们也有意向转让股份，谋求共同发展、做强做大企业。我们最后取得了湖州市供销社的支持，出资1100多万元以51%的股份控股了老大房超市。控股以后，我们派出一个副总经理担任老大房总经理，派出一名总经理助理担任常务副总经理。后面几年的经营挺不错的，我记得老大房超市最高一年利润达到580多万元。而且连锁网点加速发展，是一个比较成功的案例。

2012年下半年，一家民营企业在绍兴某滨海工业区建了一个商业中心，即滨海商业中心。中心有酒店、商场，也有市场，总体量大概17万平方米。他们曾经也来找过我们，我们综合评估，觉得这地方暂时兴旺不起来，还不适宜开设连锁超市，最多可以开一个中超。而价格上一直谈不拢，所以最后他们下决心在二楼三楼开了个超市门店。他们聘请了华润万家一个店长过来，全部参照华润万家设备进行配置及商品陈列。可是门店经营了两年，严重亏损，平均一年要亏500万元，两年亏近1000万元。我了解到这一信息后，就跟对方当时的公司创始人金总去谈。我说金总你自己一年要亏这么多，可你开超市的目的主要是吸引人气，在做人气这件事上我倒能帮你赋能，你不用一年再亏500多万元了，况且我还要给你租金。他开始开价每年要400万元租金，最后协商达成：保底租金80万元，每年设备使用费30万元，一年就110万元保底，然后按照销售额4.2%提成，提成超过80万元及以上按实支付。如此下来实现了双方共赢。我们入驻以后，的确帮他拉来不少人气，非但没有亏损，我们每年交给他100多万元，一来一去就扭亏为盈600多万元。当然，我们还实现了3000多万元的年销售，综合效益还是比较可观的。对我们来说，房租压力比较轻，又占领了这一个市场。

一家企业单打独斗的年代已经过去，苦苦探索、慢慢摸索，终究不如抱团发展。资本合作、强强联手才是我们这个社会的趋势。细数世界500强企业，每一个都是靠不断合作并购才形成世界级公司。几次的资本合作都取得了非常好的效果，我在谈判艺术上也取得了很好的经验，这让我后来成了一家大型企业的并购顾问。

问：谈一谈采购联盟吧，对浙江省区域连锁超市来说，这曾是一个具有重大意义的组织，当初您是如何去成立的？起到了哪些效果？

叶耀庭：2004年11月，我牵头成立了浙江连锁超市采购联盟。

由于我们是供销社企业，拥有得天独厚的优势，可取得省供销社业务处支持。我与彼时业务处的处长、副处长、科长等人关系较好，他们非常愿意帮忙，包括2005年我们挂牌浙江供销超市，也是省供销社一直努力推进，以帮助我们企业进一步发展。

2004年下半年，我联系宁波慈溪的慈客隆超市，说明了成立联合采购组织的必要性和可行性，得到了积极响应。于是就快速行动起来。慈客隆超市联系了宁波新江厦超市、宁海小小食品超市，我联系了诸暨雄盛物流配送中心（物流配送中心旗下有连锁门店），还有中国商业门户网站联商网。以我们6家企业为发起单位成立了浙江连锁超市采购联盟。联盟鼎盛时期有47家成员企业，遍布浙江11个地市45个县。成员以连锁超市企业为主体，还有10家供应商，省外也有两家企业加入了我们采购联盟。

我们这个采购联盟主要做什么工作呢？主要是四大功能：第一是商品价格信息对接。连锁企业最头痛的，莫过于采购进价控制，是不是做到了市场上最低？这对企业而言很重要。通过我们区域性连锁超市价格信息对接，我们就知道产品进价中存在什么问题。生产厂家某个产品要打入市场，会在各不同市场设置不同价格，采取不同的销售策略——有的地区是高价推进、强营销跟进，有的地区是低价推进、然后弱营销。这样我就知道这产品最低进价是多少，从而便于我们进行二次谈价。从2004年开始，我们采购联盟的成员企业，每年降低采购成本达到1000万元，这项工作一直持续至2015年。12年时间里，采购联盟每个季度都有活动，每年都有年会，帮助各成员企业提升经营管理水平，降低采购成本。

第二是培训提升。这一块以我公司为主体，我们那时候推出的就是二星级培训。如采购、财务、营销总监三天两晚培训费用是380元，且包吃包住，成本非常低。为什么能这么低？因为讲师全是我公司高管，高管通过课件准备、台上演讲得到了自我提升。高管演讲完，采购联盟发礼品以资鼓励，所以成本较低。培训业务获得了各成员企业的积极响应和好评。其实，譬如预算管理、绩效考核、采购管理、营销管理、物流中心管理、财务管理等课程，基本都是将我公司的成功经验复制出去，这种实战总结，能让各成员企业经营管理水平得到较快增长，盈利能力也逐渐增强。

第三是商品的联合采购，我们与供货方谈价，为成员企业在采购某些常见商品（如饮料、红酒、大米、食用油、黄酒等）时争取到很好的价格，做出了应有的贡献。当然，出于我们浙江省的实际情况，区域性连锁企业规模较小，要货量不是很大，所以我们联合采购真正的效能还没完全发挥出来。

第四是经营管理的经验交流，其实主要也是我公司的付出。当时浙江连锁超市采购联盟成立十多年来，每年都会有几家企业到我公司学习交流。我们有一个规定：你可以来学习交流，但要带着问题来，这些问题还要提前发给我们，公司就能与问题对应的部门、部门负责人提前做好解答准备。这样一来，就能让前来交流的企业带着问题来、带着解决方案回去。而通过问题的解答，实际上也使我们公司部门负责人得到了提升，因为我们可能也碰到了这些类似问题，解决了一半，还没有十足把握，但通过头脑风暴、自我总结，最后就有可能把剩下的一半问题给解决掉。

我们采购联盟那时候也名声在外。《中国商报·超市周刊》《中华合作时报·超市周刊》等媒体也专门对此做了报道，联商网也做了采访、报道……应该说，在我们国家零售连锁的发展历史上，浙江连锁超市采购联盟也留下了浓重的一笔，为浙江区域连锁超市企业的发展、提高经营效率作出了一定贡献。

【评析】

运筹帷幄之中 决胜千里之外

大多数动物群体都存在抱团取暖的行为。在寒冷的南极，面对凛冽的风雪，上百万只企鹅紧紧地挨在一起，时而有序地变换着队形，保证每一只企鹅都能获得团体的热量。就是靠着这种本能，企鹅千万年来在极端恶劣的环境下得以维持生命。

企业何尝不相似？一个经济周期总会经历繁荣和萧条。在繁荣时期，各行业蓬勃发展，各企业百花齐放；在萧条时期，大量企业轰然坍塌，唯有懂得抱团的企业，才能挺过一轮轮周期，最终发展壮大。

与一般高管所不同，叶耀庭深谙资本并购之道，带领供销超市经历多次并购，积累下大量实战经验。通过经营管理，他有能力将一个企业从0做到1；通过强强联手，他也有把握在这个1后面添加无数个0。

2004年开始，叶耀庭将很多精力放在浙江连锁超市采购联盟身上，这是属于浙江省区域连锁超市的“大家庭”，是真正供连锁超市企业抱团取暖的地方。日本有位名为石田梅岩的思想家曾讲过一句话：“真正的商人应该考虑人我双赢。”这与叶耀庭长久以来秉持的商业理念不谋而合，随着时代的不断升级、社会的不断进步，唯有强强联手，才能让企业实现与时俱进，立于不败之地。

第十四节

余心所愿 尽付连锁

“我始终认为：一个人能取得成功固然是好的，但是假如能用自己的力量帮更多企业少走弯路，让企业也取得成功，则是人生的真正开心之事，也更具意义。”

问：您是从何时跳脱企业管理事务，转而从事咨询服务的？

叶耀庭：大家知道，企业经营管理涉及采购、营运、营销企划、人力资源、财务管理、生鲜管理、绩效考核等环节。我做企业时，企业经营管理好多板块我是边学习边总结，在连锁经营管理方面，我一步一步摸索，并取得了成功的经验。我于2013年底辞去了总经理职务，2014年底又辞去了党委书记职务，正式离开企业，开启了全新的工作生涯。

当采购联盟企业知道我已经离开企业后，纷纷发来邀请。其中最早的是台州三和连锁超市，希望我担任其企业经营顾问，每个月去企业一两趟，在企业经营方向、营销各环节，以及预算管理、绩效考核、采购管理、营运管理、营销管理、成本管理等方面帮帮忙。彼时我已退居二线离岗休养，也正想在行业发挥余热，于是从2015年的1月1日开始正式加入咨询服务企业行列。此后基本上都口口相传，由老总介绍，为不同的连锁商超品牌提供咨询。

对于咨询服务，我有个原则：一年当中最多服务3家企业，如有更多的企业要让我来服务，那我必须终止与其中一家的合同。比如说我服务了一年、两年、三年到期了，那我就增加一家，这样让自己保持当老总时期的工作节奏，充分保证工作质量。

我规划的生活规律基本是“三三制”——就是一个月1/3时间到三家企业走访，去现场实地辅导；1/3时间根据企业回传的一些信息，加以修改方案、制度，需要给方案、提建议、进行线上辅导；剩下1/3的时间出去旅游，陶冶情操、游走各地，享受人生快乐。

问：您是如何开展咨询服务的？迄今为止咨询服务进行得是否顺利？

叶耀庭：我基本上是从上午开始工作到晚上为止，这是我的工作风格。有的企业领导说：叶老师你没必要这

么拼，晚上你就早点休息。我说不，我来的时间只有几天，尽量把几天前了解到的、我布置的作业检查一遍、有的方案进行修整，还要布置下一步的作业。企业经营管理中有些问题我们要一起讨论、给出方案，所以工作时间会长一点。

我心中有数，还是要尽可能让企业得到的回报远大于付出，只有这样才能持续做下去。我对企业的服务基本都很顺利，直到2020年1月后，新冠疫情暴发，所以除了杭州、老家绍兴本地的企业以外，其他省外企业基本上都去不了了。有的企业实在有咨询需求，我们就进行远程线上交流——他们把书面材料发过来，或发一些视频，我通过分析，给他们提出一些指导意见。有些时候，他们也上门来咨询，双方戴口罩保持距离地交流沟通。

在服务过程中，好几家企业都是经过一年服务，年利润增长破千万元，有的企业增收节支3个百分点，例如采购收入增加、终端的收入增加，然后成本降低。这样一来，就给企业经营管理提升带去了极大的信心和正能量。

对于合作，我还掌握一个原则：假如说咨询一段时间后，某企业老总觉得已经完全学会了我的经营理念、经营方法，或者企业一把手觉得自己有另外的想法，那我会马上终止合同，或者合同结束我就不再为其服务。这样一来，企业也好把握。

其实有些企业还处在规模发展当中，对我而言，这可能是我15年、20年前已经经历过的，我将当初的成功经验总结出来，使企业对今后的方向能看得更清楚。按照这条光明大道走下去，咨询的企业就能够扭亏转盈，且盈利会越来越好，企业发展也会越来越健康。一旦该企业老总说有怀疑，不再实施我与团队商讨的可行性方案，那对不起，合同必须提前结束。当然，合同虽然终止了，他们有需求我还是会去，平时也可以频繁地电话交流，凡事没必要斤斤计较。作为行业的专家，当前我不论到哪个城市，当地企业领导也会请我吃个饭，大家交流一番。

问：您是什么情况下开始思考创作“连锁宝典”工具的？如何评价这套工具的价值和意义？

叶耀庭：2017年初，上海海鼎信息工程公司原副总经理邱浩（他后来创办了上海来店信息科技有限公司）跟我说：叶老师，你在连锁行业有这么好的经验，是不是可以把它做成一套工具？他怕我不理解，专门给我做了个PPT。我大为感动，花三天时间，就把我经营企业的看家本领，即12大模块103个工具名称给列出来了。邱总看后认为非常好。他最初的想法是帮我把工具导入到信息系统，大家要看就付费，看资料、查资料都可以。但后来他很快又否决了。他说这信息系统被盗的风险较大，防不胜防。但我既然已经下定决心，那就一定要把这一套工具整理出来。

于是我花了整整6个月时间，每天除了早晚散步锻炼，以及除了到企业去，剩下时间基本都在电脑上一边查资料，一边将脑子里的成功经验整理出来，逐渐把12大模块103个工具内容充实完善。11月初，我到国家版权局申请作品版权登记，并于11月23日取得国家版权局登记证书。也就是说，我这套“连锁宝典”工具受法律保护，一旦有人仿冒，那我可以到法院提起诉讼，让仿制者赔偿经济损失。

有了“连锁宝典”工具，2017年以后我做行业服务变得更加得心应手。许多来自贵州、云南、内蒙古、四川、山东、江西等地的企业慕名而来。只是，有些偏远地区要我远道而去，我无法成行，一来我身体可能吃不消，二来加上家庭原因，我也出不去——我夫人一直认为辛苦了一辈子，钱已经赚得足够了，应该要好好养身体，管管下一代，安度晚年。可是我的想法是：既然我有经营连锁企业的理念，能帮到企业，那自然是一件非常好的事情。我始终认为：一个人能取得成功固然是好的，但是假如能用自己的力量帮更多企业少走弯路，让企业也取得成功，则是真正的人生开心之事，也更具意义。

在新冠疫情期间，我与杭州众略禾品文化创意公司联系（他们曾帮我整理工具，后又帮我整理了介绍工具的“连锁宝典——叶耀庭的盈利智慧”文字内容）他们有意向将我这套工具内容制成视频，在“叶老话连锁”视频号、今日头条、抖音、西瓜视频等平台进行发布，目前已坚持一年多。这一年多来，我们为连锁行业提供大量实用的信息。这是全国少有的专注聚焦连锁经营行业的自媒体之一，假如说其经济效益尚未完全体现，那么社会效益则收获满满！通过这个阵地，我们为广大区域连锁企业提供了崭新的经营思路，也结识了一大批行业挚友。最关键的是，我能在空余时间发挥能量，能通过这样的自我总结，把我的思想投射到屏幕上，让所有的连锁企业同行们从中汲取营养、为我所用，不失为人生一大快事！

【评析】

利他 才是极致的商业思维

孔子曾经说过："己欲立而立人，己欲达而达人"，意思是首先自己要立稳，进而还要让别人立稳；自己要通达，然后实现让别人通达。这个理念，几乎就是对叶耀庭一生最好的总结。

叶耀庭究其一生钻研连锁超市经营之道，用实打实的成绩令当年的供销超市站稳了"江湖地位"。然而，他并没有满足于此，而是在离开老总岗位之后辅助其他连锁企业，用他在实战中积累的经验和认知去帮助他人"站稳地位"。

叶耀庭并不唯"利"论英雄，其创作梳理的"连锁宝典"工具，就是一套追求实战成效的"武林秘籍"，极为适合想实现业绩成倍增长的连锁企业。在这里面，记录并珍藏了叶耀庭当连锁企业掌门人时熟练使用的各种理论、工具，这些理论和工具均已被叶耀庭在实践中成功印证过。需要指出的是，"叶老话连锁"自媒体栏目专注于聚焦连锁经营实战内容，具有较强的系统性和专业性。假如你喜欢听个热闹、看个乐呵，那么这档节目并不适合你；可是假如你是一位具备一定的工作经验与基础，寄心企业成长、寄望企业发展的连锁企业家、管理人员，那么你完全可以从这档节目中听到大量会心的经营技巧，更可以从叶耀庭的娓娓道来中听懂连锁企业发展的系统性智慧。

难能可贵的是：掌握好这些技巧和智慧，将会使你的寄望在实践中逐一变现为真金白银！

第十五节

值得复刻的成功

“我认为人才培养永远是第一位的。不管企业发展到什么阶段，不管企业盈利能力如何，人才总是相对稀缺的，老总对人才的渴望永远是迫切的。”

问：管理是一门学问，也是一门艺术。回顾您的职业生涯，您曾担任过4个部门、4个单位的领导，其中在3个单位任一把手，对如何管理好一个企业，您有怎样的切身体会？

叶耀庭：首先，我认为人才培养永远是第一位的。不管企业发展到什么阶段，不管企业盈利能力如何，人才总是相对稀缺的，老总对人才的渴望永远是迫切的。

我亲眼见证过一个优秀的连锁企业干部是如何影响企业走向优秀的。我见证过用好一个采购经理，就能为企

业多创造100万元利润的事例，也曾因为用好一个门店店长，不仅救活了一家门店，一年还额外多创造50万元利润。我相信，每个尽职的管理者、老总在实践中对此都感同身受。如此优秀的人才从哪里来？实际上，但凡有过管理经验的人都知道，这种人才在社会上是非常稀缺的。众所周知，“空降兵”对企业不可能有极高的忠诚度，假如你企业用的都是“空降兵”，可能你自己也忍不住要留一手，这就违背了企业管理“用人不疑，疑人不用”的原则，于是在用人的时候是不顺手的。况且，即便是“空降兵”与“空降兵”之间，也很容易造成矛盾，容易形成派系之争，这对工作是极为不利的。求人不如求己，所以我的理念就是：干部要靠自己来培养。

我们曾经提出一句口号“供销干部供销来造”，自己培养起来的干部忠诚度非常高，也许能力不一定比得上“空降兵”，但对一个企业来说，人才的忠诚和品德是第一位的，才能是第二位的。能力可以后天学习，只要员工品德好、素质好，企业发展速度稍微慢一点也没关系，方向对就好。对此，我总结出一句话：适才就是人才。

关于人才培养，我们有一个很好的方法值得分享。第一，是让各门店及总部各部门推荐门店的后备干部，这里包括班组长、助理、副经理、经理四个层级。譬如你是店长，就要推荐一个助理，如果是总部干部，你也要推荐一到两个后备干部，针对这些推荐出来的后备干部，我们集中进行培训，然后让他们勇敢地参与重要岗位的竞聘。

2008年以后，我公司所有岗位、后备干部都进行公开竞争，由总部高管担任评委，共有20个评委，通过人力资源部门、营运部门综合了解掌握，综合竞聘演讲现场表现，以及面试问答成绩，让评委评判，竞聘结果与目标大体一致。因为平时大家也都能听到来自员工的评价。假如一个门店店长同时有两个人符合条件，那么其中一个作为后备。未来如果要开下一家新店，这个后备干部就可以直接启用。

有时候，有的干部自身胆量较大，尽管没有通过干部推荐，他自己也能毛遂自荐报名，对此我们也是非常欢迎，为什么？因为“要我做”与“我要做”是不一样的，其工作积极性、面对困难的承受力是不一样的。因为“我要做”，就一定能吃苦，思想有准备，成功的概率往往就比较高。针对后备干部，要规划系列的培训课程，譬如企业规章制度，哪些可以做，哪些不可以做，包括领导力、与员工交流技巧、业务知识等各方面的培训……培训课程是讲究追求实战效果的，保证干部推优自荐的活动能够持续下去。

推优自荐活动开展后，我们公司的人才培养工作进入了一个快车道，团队风气也发生了转变。原来干部选拔只能是层层上报，主要由人力资源、营运部及有关部门看中、推荐，可推荐上来以后，让其原地提拔大部分都很乐意，可如果要安排他到外地去，有的人就不太情愿了。我们在推出某个调往外地工作的岗位后，如果后备干部是主动报名，就避免了后续分配再做思想工作，过程简单，结果高效。

第二，要做好管理，放权确实是必须解决的问题。尤其是连锁企业，面对十几个部门、几十家门店，甚至上百家门店，完全靠一个人管，肯定是管不过来的，只能采取分级管理、分权负责的办法。这需要不断磨合。我在落实分级管理、分权负责时，连85%的审批权力都是下放的。当然，如果批错了，按照经济责任追究起来，规定是要赔钱的。换个角度看，这样放权，既调动了干部的积极性，又增强了他们的责任心，同时也解放了总经理，让我有更多时间来考虑公司大事。

譬如安全生产，我在任县供销社分管安全生产领导时，是全县供销社、华通商贸集团的安全生产领导小组的组长。我手下分管副总经理是公司安全生产领导小组的组长，我就规定：企业内部一旦发生安全生产事故，只要不死人，分管副总经理就自行组织抢救，事后再向我报告。对于这种安全生产最高领导，本身需要有紧急处理的职权，该怎么处理就处理好，事后时间再汇报即可。如此一来，他们有责、有权、有担当，获得了历练。若干年后，十几个干部都当老总了，其中不乏自己创业的，大多干得风生水起、得心应手，为什么？因为他们已经得到了锻炼。

第三，我认为有条件的话，要办好一张“企业报”。企业报不仅是简单的一张报纸，更是促进企业健康发展的重要举措。前文已经说过，我个人就是从一名优秀的通讯员一步步走上领导岗位的。事实上，我不但自己写文章，我还培养其他人写文章，两者同步。

我们企业报开办以后，规定每个月十五号要出版一期，把当月公司发生的大事、规章制度调整等信息都刊登出来，广而告之。不要小看这张小报，它的确起到了“花小钱办大事”的作用。在企业中，我们不可能对所有员工做好事的行为进行现金奖励，一是制度做不到，二是没必要。因为有时候员工主动做一些事情并非全是为了钱，最主要的目的是想让领导认可且欣赏，只要主要领导看到了他的付出，认识到他的为人、明白了他的努力就够了。而企业报恰好就起到了这样一个作用，它弘扬企业内部好人好事、上情下达，例如本月开了几家新店；上个月各项指标完成前十家门店是哪一些；后十家门店是哪一些；某一家门店上个月的销售情况完成特别好等。对于这些文章，门店员工自发投稿上来，不管是基层门店、员工看到自己亲笔写的文章，还是他写的文章里提到了门店、经理，这个门店所有人都会很开心，他们心里清楚：做老总的总要审核企业报，既然文章见报，意味着他们付出的努力和成果得到了领导的认可，工作积极性就更加高涨。

企业报还有个作用，譬如到年终写总结报告的时候，你把12份企业报摊开来梳理一下，基本上这份总结报告就能写好——年中发生了什么大事，出台了几个规章制度，表扬了哪些好人好事，突破了哪些经营瓶颈，明年工作怎么做，明年的目标是什么……如此一来，一目了然，办得好的企业报的确会深入人心。我们当年企业报名叫《超市人》，曾获得中国连锁经营协会报刊评选三等奖，位列全国连锁企业小报第八名，是难能可贵的。要知道，中国大型连锁企业很多，有的是国企、有的是外资，我们公司当时排名中国连锁百强的第八十几位，排名中国连锁超市百强榜第五十位，可是我们的企业报能分别排进这些奖项的三等奖、第八名，实属不易，背后离不开全体成员的坚持、坚守。

第四，切实做好预算管理。预算管理是对新一年经营工作做规划、怎么落地，必须用数据来表述。我认为，做预算管理并不是局限于高层，而是要有一个“发动”——要动员每个部门、每个门店一齐开动脑筋，通过市场分析，比对前三年数据，提出新一年经营的一个总目标。这其中包括销售收入目标、毛利实现指标、赞返费用收入指标、成本控制指标，还有新店开业人员招聘、人均劳效、坪效、客流量、客单价等全方位的指标体系。做好这样的预算目标，真正能够按照要求做，那新一年80%的工作就已经能落地了。预算管理是绩效考核的前奏，预算管理在先、绩效考核在后。

当年我们做预算管理，还需要去上市集团公司作答辩，基本都是一次通过。为什么？因为我们始终考虑到预算管理的所有要素，尽力挖掘各方面的潜力，力求所有指标都达标。做好预算管理，新一年的工作就有了一个导航仪，工作思路清晰，避免了“拳头打在棉花上”，在做决策时就能做到“快、准、狠”。

第五，做好绩效考核。我们常说，员工从来不做“你期望的事”，他们只做“你考核的事”。通过做好预算管理，确定绩效考核就显得很轻松。通常来说，绩效考核会比预算管理稍微松一点，比如按预算管理打个95折，预算明年销售要达10亿元，那我们今年下达的考核目标就是9.5亿元；如果你完成了9.5亿元，可能你拿到的奖金也不高，因为我们会加大力度奖励超过指标那部分。再譬如利润考核，也要提供一个适当宽松的环境，但也是一个标准：你完成了业绩指标，奖励和去年的总收入差不了多少；如果你要增加收入，就要把利润冲上去。只有利润上去了，企业效益增加了，员工个人收入才会增加，才能把钱分好。

我记得我公司的门店店长收入有岗位工资、有当月的考核奖、有超利分成奖，还有年度股份分红，四笔收入加起来，对比当地同级别职业的总收入，通常是达到最高水平的，于是他们工作积极性会越来越高。科学的管理使企业得到快速成长，进入良性循环，企业经济效益越来越好，员工、干部队伍越来越稳定，纳税越来越多，对国家的贡献也越来越大。

第六，企业在发展过程中要经常进行复盘调整。我所在的供销超市公司是1997年新办起来的，也不知道怎么做连锁企业，只知道几个统一，没有算人均劳效、费用开支，所以销售有增长，但1999年算账时，利润亏损了150

万元。2000年的时候，我们就做复盘调整：该收的收入有没有收进来？向供应商返利、地堆、专柜、广告位等收入是否到位？同时，费用开支方面有没有可以动脑筋节约的？2000年上半年我就做出决策，要求各门店按照人均劳效进行复盘、评估，凡是达不到人均劳效要求的，销售费用率肯定过高。比如A类门店要求每人每天销售额达到2500元以上，B类门店每人每天销售额要在2000元以上，C类便利店每人每天营业额要在1500元以上，按照这三个指标对各门店进行复盘、评估，凡是达不到的，就要减少人员。如此一来，人均劳效基本达标，费用率大幅下降。我们花心血提高综合毛利率水平，增加了3个百分点的收入，加上费用率下降，一来一去就增加了4个多百分点的销售毛利率，企业就实现盈利了，仅2000年上半年就赚了200万元，到年底的时候赚到了400多万元，把前面的亏损都弥补掉了，真正实现了轻装上阵。

到2002年的时候我们就加速发展。2002年11月，我们通过努力收购了当地的华能超市，当时华能超市有19家门店，我们通过评估，没赚钱，但是也没亏钱。我们按照人均劳效标准去评估，通过一年努力，19家门店增收节支4个多百分点，因此华能超市板块也得到了盈利提升，在2003年时又一次实现加速发展。2004年下半年，我们抓住浙江省“千镇连锁超市、万村放心店工程”，这个工程就是超市放心食品上山下乡，是政府部门全力倡导的工程，我们抓住机遇，在当地所辖越城区、绍兴县实现了每个行政村开出“放心店”——当时有600多个行政村，每个行政村都开一家便利店。2005年初，商务部总结浙江经验，发动了全国“万村千乡市场工程”，我们趁此机会大力进行网点发展。2007年，我们既有直营店又有加盟店，乡村里基本上是加盟店，那加盟店怎么提升？为此我们又做了一个调整：为了给加盟店提供服务，专门成立了一个服务机构，叫配送商场。配送商场有3000多平方米的场地，里面也建了一个样板店，每个月举行两次商品展销会，每天接受加盟商的订货，再给加盟店配送商品，这样生意就越做越大。2008年以后，我们再次加速，加入了北京物美集团的体系，我们通过评估发现在本地区网点的发展还是有空间，那时候基本上每年都要新开15~20家门店。因此回过头看，我们基本上是在复盘中发展，在发展中复盘。

【评析】

复刻一把打开成功之门的钥匙

成功是否可以被复制？

对于这样的一个问题，自古以来争论久已。有人说，任何人的成功都无法被复制，因为某个人的成功，一定是建立在时代背景的基础上，同时还有太多运气的成分。有人说，成功不是论文，现实不是游戏，一个人成功过，不代表其他人沿着他的路走就一定能成功。

曾经听过一个寓言故事，说的是有个年轻人登山，迎面看到山上走下一个满脸沧桑的老人。他上前打招呼，问老者是否登上了山顶？老者点头称是。年轻人很兴奋，问老者山上有什么？老者奉劝年轻人不要浪费时间上山了，因为“除了一路的荆棘，啥也没有”。年轻人目送老人离去，内心挣扎不已，最终还是决定不听老者劝说，坚持向山上攀登。当年轻人登上山顶时，发现老者并没说谎——自己一路上披荆斩棘，确实没看到什么新鲜事物。但是，当他下山遇到新一代攀登者时，他没有劝新人离去，而是坐下来和他好好分享了自己登山的经历，以及在此过程中看到的美好风景。

叶耀庭就是那个分享自己经历的攀登者。在不同时代下，每个人对成功的理解也不尽相同，可敢于拼搏的精神却刻在每个渴望成功之人的骨髓里。对他们来说，成功并非一个分数，并非一纸证书，而是一种对待生活的态度。叶耀庭并非心灵的“煲汤者”，如果你愿意学习，他会坐下来和你分享如何在职场和连锁行业胜出的“宝典”。他从来没考虑过要如何把制胜法宝讲得“有趣”，而是讲究做起来“有用”。你只要用心聆听，并积极与自己真实的职场之路、经营困境做融合加工，就会如获至宝。

一个会向别人学习的人，就是一个要成功的人。成功者的成就是难以复刻的，但成功者的素质是可以被复制的，正是那些好学、坚韧、专注、利他等良好品质，才炼成了一把打开成功之门的金钥匙。

叶耀庭在“2018 长三角智慧零售峰会”分享现场

第六章

连锁经济下的智慧之道

在连锁经济浪潮中，企业如同航行在大海上的船只，不仅需要坚实的船体，更需要智慧的舵手。叶耀庭先生为我们提供了一份宝贵的导航图。他的“十大经营定律”不仅是对连锁经营深刻洞察的总结，更是在快速变化的市场中稳健前行的智慧之道。

从坚守初心到量力而行，从向先进学习到利润至上，每一条定律都凝聚了叶耀庭先生对连锁经济的深刻理解和实战经验。他强调，成功的连锁经营不仅仅是规模的扩张，更是对细节的极致追求和对市场变化的敏锐洞察。在这个充满竞争和挑战的时代，只有那些能够结合自身实际情况，灵活应变，不断创新的企业，才能在连锁经济的大潮中乘风破浪，最终抵达成功的彼岸。

本章内容将深入探讨叶耀庭先生的经营哲学，揭示连锁经济下的智慧之道，为连锁零售企业的领导者和管理者提供指导和启示，帮助他们在复杂多变的市场环境中做出明智的决策，引领企业走向持续发展和繁荣。

第十六节

做好连锁企业的 10 个定律

“作为连锁经营的领航者，我们必须明白，成功不可复制，唯有结合自身实际情况，因地制宜，方能在竞争激烈的市场中稳健前行。”

问：您在零售业的丰富经验和对连锁零售企业的深刻洞察，无疑为行业提供了宝贵的指导。您经常提到“不忘初心”的重要性，在您看来，面对市场的激烈竞争和不断变化的消费者需求，当前连锁零售企业应该如何在保持初心的同时，适应这些变化？同时，在细节上应做出哪些调整，以确保既能满足消费者，又能维持企业的长期发展和竞争力？

叶耀庭：在我45年的零售业征途中，有17年的连锁

企业操盘经历，以及8年的连锁企业服务历程。我深刻体会到，在当今市场竞争日益激烈、白热化的环境下，连锁零售企业若想脱颖而出，绝不能怀揣着一夜致富的幻想。相反，我们应当着眼于细微之处，从点滴做起，以提升经营管理的效率和质量。以下是我根据多年经验总结的连锁零售企业的十大经营定律，愿与同行共勉：

第一个定律：做企业必须不忘零售初心，才能方得始终。

在连锁经营的征途上，不忘初心不仅是一句口号，更是一种坚守。它意味着在商海浮沉中，企业家始终铭记创业之初的那份执着与热忱，不为短期利益所动摇，不为市场风云所迷惑。河南胖东来，这家以品质为生命线的零售巨头，二十八年如一日，深耕商品与服务，以匠心独运的品质赢得了消费者的心，树立了行业的标杆。华为，这家科技巨擘，自诞生之日起便立志于自主研发，以质量铸就品牌，以成本优势领跑市场，最终登顶中国制造业之巅。而原浙江供销超市，以其深耕细作的区域发展战略，深耕绍兴市场，为顾客提供便捷而安心的服务，不仅在浙江地区声名鹊起，更在全国乃至农村市场开花结果，其销售净利润率、团购占比、存兑支付率、现金流量等关键指标在上市公司中独占鳌头，成为连锁经营的典范。

这些企业的故事告诉我们：在连锁经营的广阔天地里，唯有坚守初心，才能在竞争激烈的市场中立于不败之地。这不仅是对企业经营哲学的深刻诠释，也是对所有追求卓越者的共同勉励。

第二个定律：办企业务必量力而行。

短期借款和长期投资往往潜藏着风险。以苏宁控股集团为例，尽管连续十一年稳居中国民营企业500强第二位、中国民营企业服务业100强第一位，并在互联网零售行业排名第一，但近年来的频繁扩张，如投资房地产、收购万达百货和家乐福，以及从“零售商”向“零售服务商”的转型，虽然发挥了全品类、全场景、全客群的优势，却也带来了财务上的挑战。据2023年年报显示，苏宁易购当年亏损额预计在32.5亿~42.5亿元，2020-2023年四年间累计亏损高达670亿元。2023年的销售额预计仅为650亿元，不足高峰时期的1/3。截至2024年2月，苏宁易购的股价跌至1.50元，市值缩水至140亿元，股东不得不通过股权质押来融资。如果苏宁易购不能及时调整战略，削减不必要的开支，其未来将充满不确定性。

即使是像苏宁这样的大型企业也面临如此困境，更不用说那些规模较小、实力较弱的区域性零售企业了。例如，浙江东兴商厦就因短期借款和长期投资而陷入困境，而台州华联超市则因民间集资5亿多元而走向破产。这些案例警示我们，短期借款和长期投资对企业而言，无疑是巨大的财务风险。

在连锁经营行业中，企业需要在扩张和风险管理之间找到平衡。连锁企业在追求规模扩张的同时，应注重现金流管理和成本控制，确保企业的稳健运营。此外，连锁企业应根据自身的资源和市场定位，制定合理的发展战略，避免盲目追求多元化而忽视了核心业务的深耕细作。在竞争激烈的市场中，稳健的财务策略和对市场变化的敏锐洞察，是连锁零售企业持续发展的关键。

问：所谓“他山之石可以攻玉”，在追求企业长期稳定发展之时，如何正确看待成功企业的经验和教训？

叶耀庭：在连锁经营的大海中，我们应当虚心求教，向行业翘楚学习，但同时也要审慎行事。

第三个定律：学会向先进学习。

借鉴他人的成功之道，我们只需吸取其精华，而非生搬硬套。正如古语所言：“超前一步是先进，超前三步则可能成为先烈。”这是因为，过于超前的预期与现实发展的步伐不同步，一线城市的成功模式未必能复制到三、四线城市。新零售的试错之路，更是充满了不确定性。

许多企业在模仿外地成功经验时，往往因水土不服而遭受损失。轻则经济受损，重则陷入亏损的泥潭。例如，永辉超市在2016年初尝试的新业态“超级物种”和“永辉生活”，5年累计亏损超过30亿元，2021-2023年更是亏损近80亿元，股价一落千丈，市值大幅缩水。而有加利超市，这家总部位于浙江省义乌市的企业，也因为创新试错和资金链断裂，最终走向了破产的不归路。

作为连锁经营的领航者，我们必须明白，成功不可复制，唯有结合自身实际情况，因地制宜，方能在竞争激烈的市场中稳健前行。我们要在借鉴中创新，在创新中发展，不断调整和优化自己的经营策略，以确保企业能够持续成长，避免成为“先烈”。

第四个定律：做企业一定要有利润。

在连锁经营的舞台上，利润不仅是企业活动的终极目标，更是其持续发展的不竭动力。正如古语所云：“开源节流，财源滚滚。”企业在追求盈利的同时，亦需坚守诚信经营的原则，确保在合法合规的框架内运作。在市场经济的激烈竞争中，追求最大化的利润是企业生存的本能，但这一过程必须建立在尊重员工、消费者和供应商权益的基础之上，否则，利润的持续性将无从谈起。

我常告诫同行，经营企业并非慈善事业，但盈利是企业履行社会责任的前提。没有稳定的利润，企业便失去了应对市场风险的基石，团队的信心也将逐渐瓦解，优秀人才也将纷纷离去。“天行健，君子以自强不息。”企业在追求利润的过程中，应不断自我完善，提升核心竞争力，以确保在变幻莫测的市场中稳健前行。

因此，作为连锁经营的实践者和观察者，我强调，利润是企业生存和发展的根本。只有确保了利润的稳定增长，企业才能在市场竞争中立于不败之地，实现长远的繁荣。企业没有利润，就没有应对风险的能力；同时，企业长期亏损会造成团队失去信心，优秀人才迟早会离开企业；因此，利润是企业生存的根本，只有企业有了利润，才能生存发展。

在确保企业利润的基础上，更为重要的是现金流。

第五个定律：现金流是企业的生命线，必须牢牢抓住。

在连锁经营的世界里有句老话："现金流如同企业的血液。"这句话道出了现金流对于企业生存的重要性。确实，即使企业暂时未能实现盈利，只要现金流充沛，企业便能维持运营，希望犹存；然而，一旦现金流中断，企业便如同被切断了生命线，迅速陷入困境。一旦企业陷入法律诉讼，其资产可能会被迫拍卖，而除了土地等不动产外，其他资产的价值往往会大幅缩水，企业的投资将面临巨大损失。这样的悲剧在辽宁兴龙大家庭和浙江东兴商厦的破产案例中得到了生动的体现。

作为连锁经营的专家，我深知现金流管理的重要性。在连锁经营的实践中，我们必须如履薄冰，时刻关注现金流的状况，确保企业的资金链不断裂。"知己知彼，百战不殆。"企业在扩张和发展的同时，必须深入了解自身的财务状况，合理规划资金使用，以防范潜在的风险。只有确保了现金流的稳定，企业才能在市场竞争中稳扎稳打，持续发展。

第六个定律：要善待供应商。

在连锁经营的领域中，我们常言"顾客至上"，然而，供应商的地位同样举足轻重。对连锁企业来说，善待供应商就是善待自己。许多企业在服务顾客上不遗余力，设立消费者监督联络站，专人负责处理投诉，体现了对顾客体验的极致追求。然而，在供应链管理上，我们往往忽视了供应商的重要性。

商品从工厂到货架的旅程，中间起码要经过“6个人”——采购助理、采购员、采购总监、店长、物流配送部、店员，每个环节都要“摆平”，需要我们精心协调和维护。连锁企业应将供应商视为战略合作伙伴，与他们建立长期稳定的合作关系。“己欲立而立人，己欲达而达人。”我们应当以诚相待，尊重和支持供应商，共同成长。这种互利共赢的合作模式，不仅能够确保供应链的稳定，还能在竞争激烈的市场中为企业赢得先机。

问：对于企业内部呢？什么是永葆团队活力的秘诀？

叶耀庭：在连锁经营的宏伟蓝图中，干部队伍无疑是企业的中坚力量，他们如同砥柱中流，支撑着企业的发展与进步。

第七个定律：企业要与员工同成长。

“得人才者得天下。”企业家的使命之一便是培育和引导员工的成长。在激烈的市场竞争中，人才已成为最为宝贵的资源，是推动企业持续创新和进步的第一生产力。一个成功的企业背后必定有一个强大的核心团队。

因此，企业必须将人才培养视为战略重点，董事长和总经理应当亲自挂帅，采取一系列有效措施，如“以老带新”“传帮带”等，建立一个持续学习和自我提升的组织文化。同时，企业应当营造一个宽容的环境，允许员工在尝试中犯错，在错误中学习，在挑战中成长。只有这样，才能真正让人才得以施展才华，真正使人才“用得上”“留得住”“能用心”。

我们应当铭记：“千里之行，始于足下。”人才培养是一项长期而艰巨的任务，需要我们持之以恒地投入和努力。通过不断地培养和激励，我们能够为企业打造一支既能够应对当前挑战，又能够引领未来发展的精英团队。

第八个定律：力争做专家。

什么是专家？简单的事情重复做，做到极致，你就是专家；一个人一生做成一件成功的事就足够了。在连锁经营的世界里，专家并非遥不可及的称谓，而是对那些日复一日、精益求精的实践者的尊称。屠呦呦女士的故事便是最佳例证，她历经半个世纪的探索与尝试，终于从青蒿中提取出挽救无数生命的青蒿素，这一成就为她赢得了诺贝尔奖的殊荣，那一年，她已是85岁高龄，但她的坚持告诉我们，专注一事，做到极致，便是通往成功的不二法门。

在零售业，河南胖东来以其数十年如一日的坚持，将商品和服务做到了极致，赢得了消费者的心，也赢得了同行的尊敬。这不仅是对屠呦呦精神的传承，也是对连锁经营行业的一种启示：在追求规模扩张的同时，我们更应注重品质的提升和服务的优化。为此，请记住：将一件事做到极致，胜过平庸地涉猎万千。

问：为什么要争当专家呢？

叶耀庭：专家的成长之路，正是一步一个脚印，一点一滴积累的过程。

争当专家，意味着在连锁经营的每一个环节中追求完美，无论是商品的采购、陈列，还是顾客的服务、体验，都力求达到最高标准。这种精益求精的态度，能够提升企业的品牌形象，增强顾客的忠诚度，从而在激烈的市场竞争中脱颖而出。

在连锁经营中，专家的价值不仅体现在产品和服务上，更在于他们对市场趋势的敏锐洞察和对创新的不懈探索。他们能够引领企业把握时代脉搏，不断推陈出新，以适应不断变化的市场需求。这种自我超越的精神，正是连锁企业持续发展、不断壮大的动力源泉。因此，争当专家，不仅是个人荣耀的象征，更是企业成功的基石。

问：您刚才分享的八条经营定律，涵盖了连锁企业从小做到大的过程，算得上是连锁经营的“成功心得”，另外两条又将涉及什么？

叶耀庭：另外两条，更倾向于企业家人生的“成功心法”。

第九个定律：见好就收是真理。

罗马哲学家塞尼逊曾经说过：“人生最大的财富，是在于无欲。”

企业家在人生的旅途中，风风雨雨几十年，需要放弃的东西很多，鱼与熊掌不能兼得，有所得必有所失，千万不可奢求太多的物质和名利，为自己套上沉重的枷锁和生活的包袱。人生路上适当的放弃，做事适可而止，见好就收，我们才会拥有一份成熟，生活也才会更充实更轻松。

在连锁经营的实践中，我们常讲“见好就收”，这不仅是对策略的把握，更是一种智慧的体现。这句话告诉我们，在商海中航行，要懂得适时收手，掌握分寸，避免过度扩张带来的风险。“知者乐水，仁者乐山。知者动，仁者静。”智者懂得在动与静之间找到平衡，企业家亦应在进取与保守之间寻求和谐。

见好就收，是一种对市场敏锐洞察后的明智选择，它有助于我们在享受成功的同时，规避潜在的风险。正如亚洲前首富李嘉诚所践行的“不赚最后一个铜板”的原则，这不仅是对市场规律的深刻理解，也是对个人欲望的适度控制。在企业经营中，我们不应追求一时的辉煌，而应注重长远的稳定发展，追求企业的健康发展和团队的和谐，而非无休止地扩张和利润最大化。适当的放弃，不仅能够让我们避免陷入过度竞争的泥潭，还能让我们的生活更加充实和轻松。

因此，我提倡企业家在追求企业成长的同时，也要注重内心的平和与满足。让我们在商海的波涛中，保持清醒的头脑，把握时机，见好就收，以实现企业的可持续发展和个人生活的和谐平衡。

很多时候，个人的优秀并不能代表最终结果的优秀，个人的成功，也无法与企业成功完全画等号。

第十个定律：把握合作机遇。

我们常说“没有永恒的成功，只有顺应时代的企业”。成功的企业并非总是勇往直前，有时候，适时地后退，反而能开辟更广阔的天地。“知止不殆，可以长久。”连锁零售业经历了30多年突飞猛进之后，我们迎来了变革的关键时刻。在这个时刻，谁能够把握时代的脉搏，捕捉到转瞬即逝的机遇，谁就能在激烈的市场竞争中占据先机。

“抓住一次机遇，就会赢得一次跨越；失去一次机遇，就会落后一个时代。”在浙江有加利连锁的案例中，我们看到了一次错失良机的教训：2011年，合作的机遇摆在有加利面前——对方评估公司价值1亿元，出资5100万元控股51%，且对于在公司旗下的一块商业用地剥离给原股东(能增值3亿元)——可是公司未能把握好经营盈亏，最终导致了企业的严重亏损，最终走向破产，真的可惜呀……

这个案例提醒我们：合作是企业发展的潮流，世界500强企业之所以能够壮大，很大程度上得益于他们不断地战略合作。企业在经营顺利时，应当积极寻求合作，而不是等到经营困难时才想到合作，那时往往为时已晚，可能连之前的利润也会吐出来，付诸东流。

我一再与同行强调，企业在发展的过程中，应当具备前瞻性的眼光，敏锐地捕捉市场变化，勇于在适当的时候进行战略调整。在合作与竞争之间找到平衡，既要有勇往直前的勇气，也要有适时后退的智慧。只有这样，企业才能在不断变化的市场环境中稳健前行，实现可持续发展。

【评析】

实践真知 与君共勉

叶耀庭在多个场合不止一次地强调过“不忘初心”的重要性。他常说：“方向错了，停止就是进步。”“做企业，千万不能背弃初衷。”

在连锁经营征途中，这不仅是一两句口号，更是一份坚守。“道生一，一生二，二生三，三生万物。”初心如同道，是一切成功的起点。只有坚守初心，企业才能在变幻莫测的市场中找到方向，保持稳定的发展。

叶耀庭不是“学院派”学者，而是一名典型的“实践家”“实干派”专家。他的“十大经营定律”，对一个企业家来说，并不面面俱到，并非“成功的全部秘密”，但也绝非纸上谈兵。他从来不臆想成功的捷径，而只会将其一生商业实践当中有价值的内容做倾心总结。“十大经营定律”在叶耀庭身上“亲测有效”，同时也被他在诸多咨询对象企业当中一一印证，这些谏言不仅是对连锁零售行业的精准把脉，也是对所有追求卓越的企业家的宝贵指导。

当然，恐怕也唯有真正奋斗在前线的董事长、总经理和各级企业领导们，才能读懂这些谏言背后的“成功心诀”——它们不仅是助力前线领导解决企业难题的“不二法门”，更是“十大励志启示”“十大知己感言”，以期与所有追求成功的人们共勉！

叶耀庭的制胜要诀

1. 多用表扬法、少用批评法。

2. 以身作则、说话算数。

3. 只要精神不垮，办法总比困难多。

4. 想一百遍不如做一遍。

5. 只有想不到，没有做不到。

6. 不经历风险，难以见彩虹。

7. 如果对别人只给批评、不给帮助，无异于“耍流氓”。

8. 信息系统是企业神经系统。

9. 财务管理是企业血液系统。

10. 干净干事，廉洁第一。

11. 散财才能聚人，聚财只能散人。

12. 宽以待人，得理且饶人。

13. 可以用经济手段，避免用免职手段。

14. 管理就是“管事理人”；你不管，人不理。

15. 保护下属是你应尽的职责。

16. 日常管理就是管数据。

17. 数据不会说谎，数据最讲公平。

18. 吃得苦中苦，方为人上人。

19. 把工作关出门外，工作生活两不误。

20. “做东总是来东的”，唯有坚持才能成功。

21. 成功没有捷径，只有脚踏实地。

22. 员工是鱼、企业是水，企业有温度，员工才会成长。

23. 安全是红线，万万不能踩。

24. 学到老、做到老，才能老年得志。

25. 理想很丰满、现实很骨感，不抱幻想，循序渐进。

26. 把困难留给自己，把方便留给别人。

27. 关心、关爱员工就是关爱企业。

28. 少一点是非，多一点正能量。

29. 让合作方得利，才是赢利开始。

30. 世上无难事，只怕有心人。

31. 只有心中无愧，才得活得潇洒。

32. 只有精明，才有高明。

33. 成功需要：高人指点、贵人相助、自身努力、小人监督。

34. 不被人理解是常态，被人理解是福气。

35. 不做亏心事，不怕鬼敲门。

36. 不敢丢芝麻，西瓜不会来。

37. 手里有粮才能心中不慌。

38. 合适的就是最好的。

39. 今天工作不努力，明天努力找工作。

40. 受不了批评，长不了知识。

41. 适才就是人才，合适的就是最好的。

42. 企业不用不犯小错的人。

43. 是非曲直，定有公断。

44. 瞄准目标不放松。

45. 要让别人理解，你先尊重别人。

46. 问题在基层，答案在一线。

浙江供销超市有限公司总部

浙江供销超市有限公司总部

供销社时期

供销合作社法律顾问证

收购青梅

赴江西三清山考察

营销策划启动会

实现新跨越　再上新台阶

——新年答谢辞

绍兴供销

绍兴县供销合作社联合社　绍兴县华通(集团)总公司　主办

●第598期●　●半月刊●　●2003年1月1日●

2002年度通讯工作先进个人

优秀通讯员

周建华　毛丽萍

王炜民　叶耀庭

积极通讯员

徐王根　徐水英

谢向农　茅伟祥

回顾总结2002年工作　研究探讨2003年思路

县社召开工作会议

恭贺读者新年快乐

创新是企业发展的希望

加强宣传力度　展示企业形象

县社召开通讯工作会议

县社全面部署扶贫济困送温暖工作

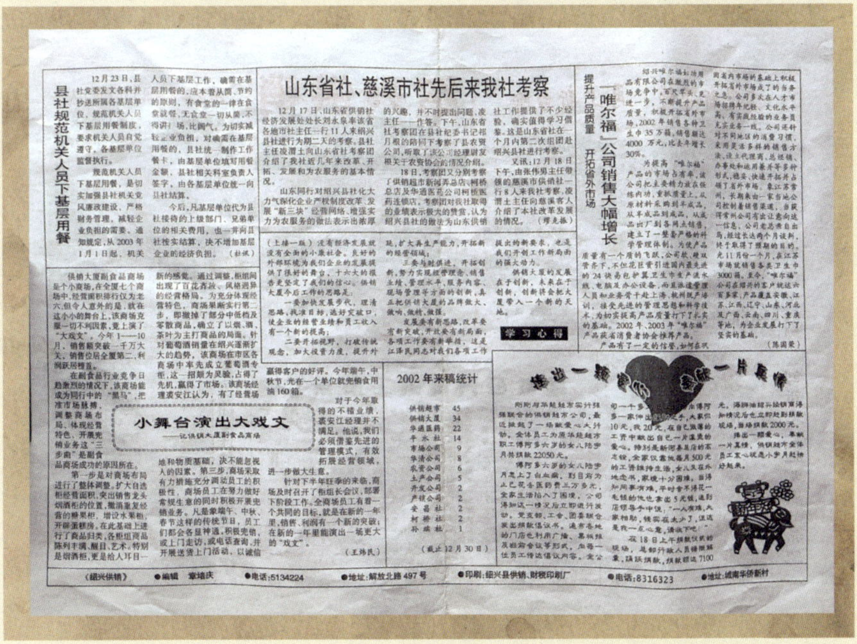

县社规范机关人员下基层用餐

山东省社、慈溪市社先后来我社考察

提升产品质量　开拓省外市场

“唯尔福”公司销售大幅增长

小舞台演出大戏文

2002年来稿统计

学习心得

(绍兴供销)　●编辑　章培庆　●电话:5134224　●地址:解放北路497号　●印刷:绍兴县供销、财税印刷厂　●电话:8316323　●地址:城南华侨新村

2003年的《绍兴供销》公布通讯工作先进个人(左上角),叶耀庭为优秀通讯员

供销超市领导时期

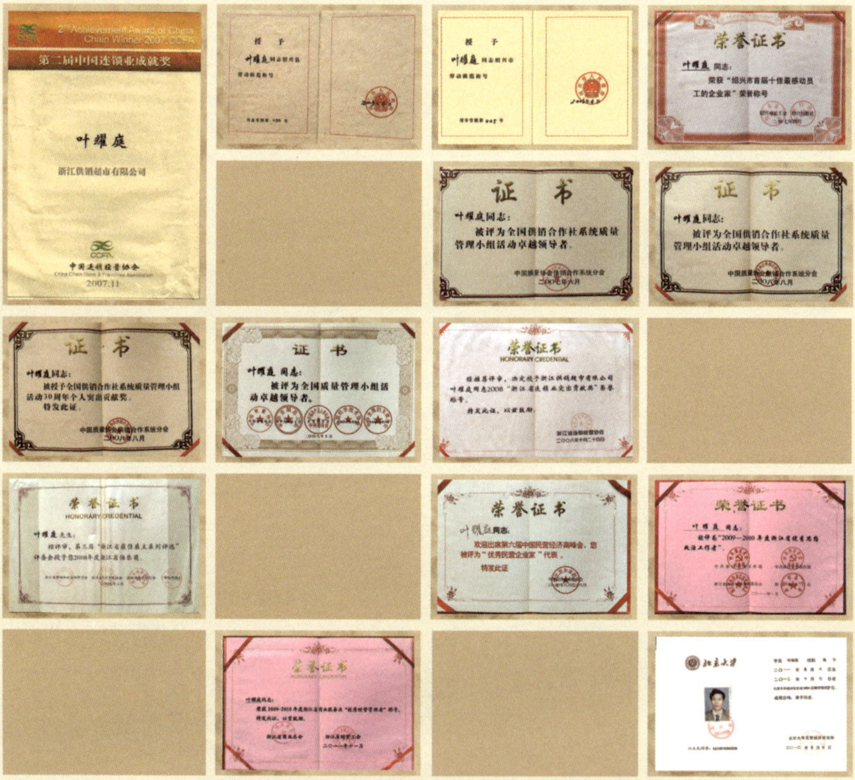

叶耀庭工作时所获荣誉证书

叶耀庭参加第三届中国连锁业会议百强峰会

叶耀庭中央党校2007级经济管理本科毕业照片

叶耀庭参加绍兴市连锁经营行业协会第二届会员代表大会

二届会员代表大会合影
2009. 11. 7

连锁专家顾问时期

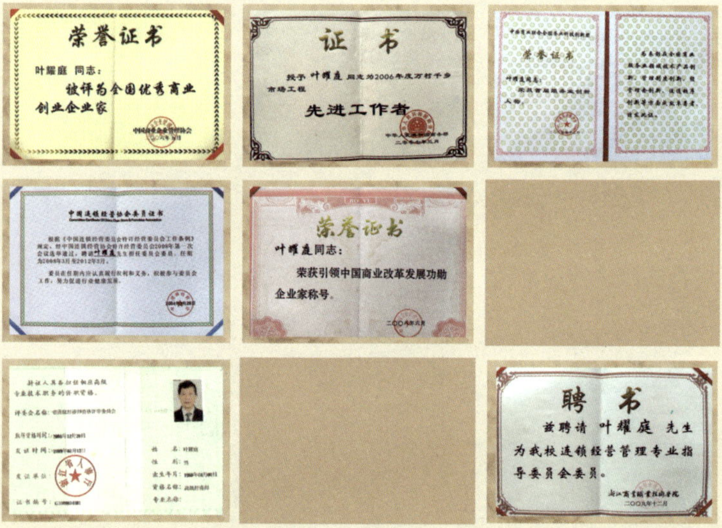

叶耀庭历年获得的相关荣誉和证书

2013 年浙江省商贸流通创新企业

2006 年浙江省连锁经营采购大会暨连锁经营发展成就展

附录

连锁宝典——叶耀庭的盈利智慧

分享连锁商业经营实战十二式模块，

助你轻松掌握实现连锁经营盈利的妙招、奇招。

- 从实践中来，到实践中去。从叶耀庭四十余年管理实践经验中了解中国连锁商业发展轨迹。
- 去芜存菁，招招制胜。让连锁商业管理者有本可依。
- 既有理论高度，也有落地深度。行业研究成果与企业管理实践“双轨并行”。
- 推案例，讲点评。帮助管理者认识连锁经营之道，反思教训，强化意识。
- 系统认知，分块攻关。迅速认识“连锁宝典”工具体系，逐个突破，有的放矢。
- 身教重于言传。分析连锁超市成功的典型案例，董事长带你快速掌握连锁商业真谛。

模块一：经营理念	
1-1 基本理念	不忘基本常识初心，方得始终。
1-2 金点子	好主意、好提案、集思广益，聚心合力。
1-3 三大思维	一眼看穿、一针见血、一言担当。
1-4 战略选择	区域做强、终端为王。
1-5 网点评估	科学测算是门店成功的钥匙。
1-6 法律风险防范	合法经营、守正出奇才能走得远。
1-7 长板理论	创业是把长板发挥到极致。
1-8 学习竞争对手	再好的经验，也要接地气。
1-9 课题攻关	企业成长的阶梯，攻克一个，就成长一步。
1-10 团队执行	单丝不成线，孤木不成林。
1-11 门店领养	从群众中来，到群众中去。
1-12 管理模式	好的制度，让坏人变好；坏的制度，让好人变坏。

模块二：财务审计	
2-1 财务管理	财务管理是木桶底板，财务是全盘。
2-2 合同管理	财富的一半，来自合同。
2-3 汇总纳税	合理的避税才能降低税负成本。
2-4 预算管理	没有预算管理，企业将付出沉重的代价。
2-5 卡券管理	连锁店越多、品牌越大，卡也就越好卖！
2-6 团购开发	团购做得好，能提高销售量，扩大超市知名度和美誉度。
2-7 商品盘点	假如有10个亿的销售，就会有400万的损耗。
2-8 对标管理	能让你看到自己与标杆企业的差距和成长空间。
2-9 承兑支付	银行承兑汇票可背书，也可贴现，深受买卖双方欢迎。
2-10 税收风险	税收如母亲，经常被误解，但很少被遗忘。

模块三：人资培养	
3-1 人才培养	未来的竞争是人才的竞争，人才是第一生产力。
3-2 趣味运动会	融洽干群关系、和谐同事关系，增强集体观念。
3-3 企业报	连接领导与职工、职工与职工之间的重要纽带。
3-4 内训讲师	干部不但要会做，重要的是要会讲。
3-5 培训体系	种树关键是搞好树的生长环境。树木如此，树人亦然。
3-6 企业年会	一场出彩的年会，会让员工觉得辛苦一年“很值”。
3-7 会议制度	毛主席就不开长会，文章短而精，讲话也很精练。
3-8 福利基金	福利像抽水泵，事业就可长盛不衰。
3-9 竞争上岗	疾风知劲草，竞争上岗，就是一个物竞天择的过程。
3-10 推优自荐	士有公天下之心，后能举天下之贤。

模块四：采购管控	
4-1 年度合同	成功的年度合同是全年经营的保障。
4-2 品类优化	快速改善商品经营的法宝。
4-3 终端资源	终端资源是值得挖掘的聚宝盆。
4-4 20:80法则	80%的销售额和利润来源于20%的商品。
4-5 抱团采购	实现联合采购的主要方法和途径。
4-6 采购管理	做好采购管理，就相当于实现了销售的一半。
4-7 残次商品	管理好残次商品，减少成本，提高效率。
4-8 内购会	新零售时代一种全新促销模式。
4-9 供应商评估	找出战略供应商伙伴互惠共赢。
4-10 远程采购	差异化竞争和价格优势的重要途径。
4-11 定价委员会	常态化的商品定价调整机制。
4-12 商品直配	适度控制，有序安排。

模块五：毛利倍增	
5-1 商品寻宝	提升商品毛利的有效方法。
5-2 必备商品	花80%的精力做好20%的必备商品。
5-3 新品开发	新零售时代，企业竞争力的高级玩法。
5-4 滞销品淘汰	企业及时止损的有效方法。
5-5 商品换购	零售商二次消费营销方式。
5-6 堡垒商品	企业经营的重要举措和创新。
5-7 重点商品	把握重中之重，才能抓好商品经营。
5-8 订单补偿	能有效保护零售企业的合法利益。
5-9 二次谈价	让采购部门价格谈判有了有效的良性机制。

模块六：成本控制	
6-1成本控制	公开、公平、公正是成本控制的法宝。
6-2全员防损	防患于未然，才能事半功倍。
6-3工程招标	低成本是在竞争的环境下造就出来的。
6-4设备物料	对设备来说，最好的维护工，是制度。
6-5同业联盟	一人拾柴火不旺，众人拾柴火焰高。
6-6腾笼换鸟	腾笼换鸟，凤凰涅槃。

模块七：增值服务	
7-1 商品展销会	展示产品、拓展渠道、促进销售、传播品牌。
7-2 增值服务	未来连锁企业在激烈的市场竞争中取胜的法宝。
7-3 招商招租	连锁超市增加经营范围和效益的法宝。
7-4 废物回收	以小博大，变废为宝。
7-5 战略规划	未来属于那些在今天做出正确决策、谋划好路径的人们。

模块八：绩效考核	
8-1 工资总承包	挖掘小型门店经营潜力的法宝。
8-2 合伙人	合伙人制度是绩效考核的升级版。
8-3 品类部考核	提高效率和商品经营水平的有效办法。
8-4 发展招商部考核	只能加强，决不能放松。
8-5 绩效分析会	每个月一次。发现问题，解决问题。
8-6 营销部考核	提高效率、提升营销水平、控制营销费用。
8-7 生鲜部考核	能提高效率、提升采购、物流技能、企业效益的有效办法。
8-8 配送中心考核	扭转亏损或减少亏损就是盈利。
8-9 采购部考核	调动采购员积极性，为企业创收。
8-10 门店考核	毛利总量的60%~70%是门店经营实现的。
8-11 绩效考核	员工总是只做检查的事，不做领导期望的事。

模块九：营运督导	
9-1 营运理念	门店经营管理活动顺利开展的保证。
9-2 门店巡检	营运巡检长期坚持必有效果。
9-3 PK机制	有时候面子比金钱还重要。
9-4 巡检通报	发现问题→解决问题→反思问题。
9-5 整改提升	品质优、服务优，环境优。
9-6 异常分析	透过数据发现本质。
9-7 门店月度分析	有比较才有鉴别。
9-8 营运手册	连锁企业提升营运管理的重要抓手。
9-9 风险抵押	维护中层稳定、干部增收、企业增效的保障制度。
9-10 服务守则	优质的服务是现代企业制胜的软实力。

模块十：生鲜管理	
10-1 生鲜概述	如果生鲜做不强，连锁超市一定很难生存。
10-2 生鲜定价	生鲜的定价核心是运用价格策略赚取利润。
10-3 陈列技巧	艺术化、异形化、美观化是陈列的关键。
10-4 损耗控制	损耗是可控制的。
10-5 生鲜订货	订货的合理与否，直接关系到该商品经营的成败。
10-6 二次开店	宜早不宜迟，早用早得益。
10-7 理货添货	方便、刺激顾客购买，借此提高企业产品和品牌形象。
10-8 生鲜市调	没有调查就没有话语权，没有定价决策依据。
10-9 生鲜要素	准、巧、活、鲜、术、勤、量、严须把控。
10-10 成功模式	前人栽树，后人乘凉。他山之石，可以攻玉。
10-11 生鲜保鲜	保鲜做得好，100斤可以卖到105斤。
10-12 生鲜采购管理	生鲜采购没有腐败，决定生鲜经营的成功。
10-13 生鲜物流	生鲜经营的重要环节。
10-14 收货标准	把好收货关，是生鲜经营的第一前提。

模块十一：营销管理	
11-1 促销选品	正确科学的促销选品是营销活动成功的一半。
11-2 促销评估	营销活动效果好坏的鉴定方法。
11-3 差异化战略	企业参与市场竞争的最高手段。
11-4 竞争策略	商场亦战场，正确策略能立于不败之地。

模块十二：实用表单	
	复杂问题简单化、管理执行规范化。

后 记

有人曾说，一个人的成长离不开“高人指点、贵人相助、小人监督、自我奋斗”，此话在我身上的确得到了印证。

我从一名普通的供销社学徒工干起，历经柜组长、副业辅导员、商店副经理、经理、公司总经理助理、供销社主任、公司总经理、县供销社副主任、集团副董事长、副总经理……数十个岗位，每一步成长都离不开领导的关心和支持。不论是在绍兴县钱清供销社、华清公司、漓渚供销社、柯桥供销社，还是在浙江供销超市、绍兴县供销社、浙江连锁超市采购联盟，曾经共事的各位同仁、老总都给予我悉心指导和帮助。当然，家人们的鼓励、支持、后勤保障也都是我事业有成的基石。善善从长，稇载而归。正是因为领导们一开始对我就有特别严格的要求，才成就了我坚韧不拔、自强不息的性格，以及我后来人生事业的发展。在我从事企业咨询服务的过程中，还得到了行业老总们的信任与配合，使我勇于归纳、创作和实践“连锁宝典”工具。

作为现代流通方式、现代商业组织形式之一，连锁零售业、连锁经济在中国已经历经三十多年的高速发展，如今走到了一个特殊的十字路口：食品百货销售增长乏力，互联网对传统零售业带来了前所未有的冲击；生鲜经营还处在初级经营阶段，吸客和连锁能力不强；人力、租金和水电等成本仍在不断上升；连锁零售业利薄如纸又雪上加霜，普遍处于微利和亏损状态，连锁企业对未来前景集体迷茫……作为企业领头羊的董事长、总经理们，为了企业发展，越来越多地过上了快节奏的生活，忙碌成为企业老总们的一种常态。有的老总是真的忙，从早忙到晚，从周一忙到周五，甚至连周六、日和假期都在忙碌，全年无休。中国中小企业老总为何总是那么忙？在实践咨询过程中，我发现原因是大多数老板天天在“救火”——多数企业出了问题，总是由员工把问题推给经理，经理把问题推给总经理、董事长，老总最终无法逃避责任，唯有亲自上阵，到处“救火”。所以，企业出了问题，只要老总“救火”不及时，企业就损失惨重。老总们长期被繁重事务缠身，心理上始终处于紧张、高压、“压力山大”状态，不仅容易出现职业疲劳，还会造成一些心理上的疾病，比如“易怒、焦虑、抑郁”……这样的生活和工作状态，非但不会带来工作上的安全感和成就感，反而会离成功越来越远，拉开与幸福的距离。况且，有的老总忙的意义还不大，一味地忙碌，却得不到认可和赞赏，没有获得理解和支持，说穿了，是因为他们忙得事无巨细，几乎是“瞎忙”，究其本质，就是没有找对工作方向和方法。中国有句谚语:“君忙臣闲国必衰，臣忙君闲国必兴。”如何从忙碌的状态中解放出来，提高自身的处事效率，找对方法做对事?本书和“连锁宝典”工具首次全面解密浙江供销超市有限公司当年成功经营企业的秘诀，旨在为“老板很忙”的困局提供最理想的解决思路和方法。我常说，企业的成功、个人的成功并不能与对社会有很大贡献画等号。人活着，就应该多对社会和行业做些有价值、有意义的事，为后人留下精神财富，这恐怕是我出版本书并创作“连锁宝典”工具的初衷吧!

特别要指出的是，本书得以顺利编辑和出版，离不开原中国连锁超市杂志主编、零售业“铁嘴”、灵兽传媒创始人陈岳峰，浙江工商大学原校长、浙江省社科联原主席胡祖光教授，杭州众略禾品文化创意有限公司姚琪峰总经理及其团队，中国计划出版社、中国市场出版社有关领导和同志们的关心指导、辛勤付出。本书收录的图片照片均由我提供，书中出现的所有人物肖像均已事先获得肖像权所有者，即本人或其合法代表(如家人或监护人)的明确同意和授权，他们的支持使得本书的内容更加丰富，可读性也更强，在此一并表示衷心感谢!

叶耀庭

2024 年仲夏